Werner Sack

LIEBEN, LEBEN, EBEN

Werner Sack

LIEBEN, LEBEN, EBEN

Rediroma-Verlag

Bibliografische Information der Deutschen Nationalbibliothek:
Die Deutsche Nationalbibliothek verzeichnet diese Publikation in der Deutschen Nationalbibliografie; detaillierte bibliografische Daten sind im Internet über http://dnb.ddb.de abrufbar.

ISBN 978-3-86870-844-8

Umschlagillustration: pip / photocase.de

www.rediroma-verlag.de
7,95 Euro (D)

Inhaltsverzeichnis

Rosi

Ina und Tom lagen nebeneinander und genossen das Nachher. Tom stützte seinen Kopf auf die eine Hand und streichelte mit der anderen sanft über ihre Haare während er über sie hinweg sah und dort auf einen Stuhl. Über dessen Lehne hing ihr BH. Ein schwarzer BH einer französischen Marke, mit einer klitzekleinen roten Rose in der Mitte zwischen den beiden Schalen. Tom musste ein wenig lachen und frage Ina:

„Sag mal, kannst Du Dich noch an die Neonreklame in Paris erinnern, mit den Rosensträußen?“

Ina schaute erst etwas irritiert und meinte dann: „Ja doch. Ich glaube drei rote Rosen hintereinander und dann kam der BH.“

„Genau so war es. Ja. Rosen, Rosen, Rosen und dann der Rosi-BH. Etwas Vergleichbares habe ich in Deutschland nie gesehen.“

„Tja, dabei trage ich diese BHs schon ziemlich lange aber es gibt sie hier nur in einem einzigen Geschäft. Die Franzosen sind halt längst nicht so brav wie die Deutschen.“

„Und sie haben einen anderen Verschluss“, meinte Tom.

„Allerdings“, grinste Ina ein wenig, „aber Du hast sehr schnell gelernt ihn zu öffnen.“

„Ach, ich hatte nicht den Eindruck, Du hättest etwas dagegen.“

„Du gestattest, dass ich dazu jetzt nichts sage.“

Tom griff nun über Ina hinweg nach dem Wäschestück und spielte damit, insbesondere schaute er von hinten hinein, das heißt er schaute von hinten durch, denn der Büstenhalter war aus Spitze, aus schwarzer Spitze. Er hielt ihn sich vor die Augen, sah Ina an und machte „Buuh“.

Plötzlich begann Ina zu lachen. „Du, weißt du was das ist?“

„Ein BH“, meinte Tom.

„Ja, auch, aber nicht nur. Wir sind für Samstag zu einem Maskenball eingeladen und da soll man richtig maskiert sein.“

„Ja und?“

„Na ja, wir nehmen statt irgendeiner Larve einfach so einen BH und gucken da durch, wenn man das von hinten kann.“

„Klasse Idee! Wirklich klasse Idee, Du das machen wir. Prima. Ich habe eh Probleme mit jeder Maskierung wegen meiner Brille.“ Sie überlegten noch eine Weile und kamen dann zu dem Ergebnis, das Beste währe wohl, das ganze farblich abwechselnd in schwarz-weiß zu gestalten. Einer mit einer schwarzen Strumpfhose, einem weißen Oberteil und einem schwarzen BH und der andere mit einer weißen Strumpfhose, einem schwarzen Oberteil und einem weißen BH und da war das Problem. Ina hatte keinen weißen BH, mindestens keinen von Rosi. Sie probierten einen anderen weißen BH, aber das war hoffnungslos, durch den konnte man von hinten überhaupt nicht hindurchsehen. Also wurde ein anderer, ein weißer BH von Rosi gebraucht. Rosi-BHs waren ziemlich teuer, aber das war nur eine Sache, viel schwieriger war es, binnen weniger Tage einen zu besorgen, denn Ina würde die ganze nächste Woche über weg sein. Sie fuhr zu einer Tagung in ein ziemlich provinzielles Kaff, wo man kaum Hoffnung haben konnte, ein Geschäft zu finden, in dem ausgerechnet weiße Rosi-BHs ihrer Größe zu kaufen wären. Letztendlich blieb also nur übrig: Tom würde in Frankfurt in dem einzigen Geschäft, wo es diese Marke gab, einen für Ina kaufen. Die beiden sahen sich an. Es war schon ein bisschen ungewöhnlich für einen jungen Mann, in ein Wäschegeschäft zu gehen, um dort einen BH zu erstehen. Aber Tom erklärte sich cool dazu bereit, das ganz selbstverständlich zu tun. Ina müsse ihm nur die entsprechende Größe aufschreiben. Er erzählte ihr dann den Witz von dem Mann, der unbedingt für seine Frau einen BH kaufen wollte, angab, die Größe mit seinem Hut gemessen zu haben, und schließlich in die Campingabteilung verwiesen wurde. Das fand Ina nicht sonderlich lustig, aber Humor sei nun mal häufig eine subtile Form der Abwehr – meinte die angehende Psychologin.

Alles war vereinbart, Ina hatte ihm einen Zettel geschrieben mit Unterbrustweite und Körbchen Größe, der Weiße würde schon genauso gut passen. Ina beschrieb auch das Geschäft mit dem etwas außergewöhnlichen Angebot. Es lag in einer Straße, in der es eine ganze Reihe ausgefallener Geschäfte gab. Da war zum Beispiel eines, das ausschließlich mit Füllhaltern und Kugelschreibern handelte. Ein anderes widmete sich nur Herrenhüten und es gab noch eines, in dem speziell der Kaffee eines südamerikanischen Landes vertrieben wurde. In dieser Straße befanden sich noch einige alte Häuser, die den Krieg und die Zerrstörung überstanden hatten. Und in einem war dieses Wäschegeschäft. Es hieß schlicht ‚A. Meier', kein Zusatz, keine Werbung.

Am darauf folgenden Montag ging Tom am frühen Nachmittag zu diesem Geschäft. Er ging etwas zögernden Schrittes. blieb erst mal in einiger Entfernung stehen und sah sich auch das Gebäude nochmal an, es war ein Altbau, aus dem Kaiserreich, ein bisschen schwarz und da und dort sicherlich auch kriegsbeschädigt, aber insgesamt gut erhalten. Wie damals üblich mit einer Fassade aus Sandstein die reich gegliedert war. Im Erdgeschoss befand sich das Geschäft. Wie man von außen sehen konnte, war es ein relativ hoher Raum, darüber im ersten Stock in der Mitte ein Balkon, der in dieser Straße sicherlich keine Wohnfunktionen erfüllte, aber er passte eben in diese Fassade. Auch der Laden sah so aus, als habe sich in Jahrzehnten nichts oder fast nichts verändert. Von der Straße her war eine beachtliche Stockwerkshöhe zu erkennen, so etwa 5 Meter, in der Mitte war die Eingangstür aus einem eisernen Rahmen, sie war verglast, aber die Scheiben waren undurchsichtig, man sah, alles war unterteilt und hatte Facettschliff. Links und rechts vom Eingang erhoben sich Schaufenster, diese waren recht großzügig gestaltet, allerdings hatten sie Rückwände, man konnte nicht in den Laden hinein sehen. Auch der Inhalt der Schaufenster strahlte nicht das aus, was man bei einem Wäschegeschäft vielleicht erwartet hätte, er wirkte sehr seriös, fast ein bisschen hölzern distanziert. In dem einen stand eine Schaufensterpuppe, die gewisslich auch schon etliche Jahre auf dem Buckel hatte, eine strahlende Frau, die ein Nachthemd trug, das aber wiederum sehr brav erschien. Im anderen Schaufenstern waren Kartons mit Sichtfenstern ausgestellt in denen sich wohl Unterröcke oder Unterhemden befanden, bis hin zu einer Ecke, in der Angora Wäsche präsentiert wurde, also richtig wärmende Unterwäsche. Tom betrat nun den Laden. Er hatte nochmal allen Mut zusammengenommen, denn offen gestanden, ein bisschen merkwürdig war es schon. In dem Geschäft empfing ihn eine Atmosphäre, die er zwar so erwartet hatte, die ihn aber dennoch beeindruckte. Das Mobiliar des Ladens war in dunklem Holz gehalten, links und rechts gab es eine relativ lange Zeile mit teilweise sehr hohen Schränken, mit Glastüren und Fächern dahinter, in denen Wäschestücke gestapelt waren, Vor jedem dieser Schränke stand eine Vitrine aus Glas als Theke, in die man oben hinein schauen konnte und wo wiederum Wäschestücke ausgelegt waren. Hoch oben an den Schränken lief eine Stange vorbei zur Auflage einer Leiter und auf jeder Seite es gab eine, mit der man auch die oberen Schränke erreichen konnte. Ganz oben auf den Schränken wiederum waren Ausstellungspuppen, das heißt, eigentlich waren es nur die Oberkörper von Ausstellungspuppen, die wiederum Bettjäckchen und Betthäubchen trugen. Bei aller Seriosität, die dieser Laden ausstrahlte, hier wirkte er ein wenig vernachlässigt. Tom war sich sicher, dort oben lag bestimmt auch Staub. An der Rückseite des Ladens gab es auf der einen Seite einen relativ kleinen Unterschrank mit einer altertümlichen Kasse, während auf der anderen Seite eine Schaufensterpuppe in voller Lebensgröße stand, die ein offenbar sehr teures Nachthemd aus Satin oder Seide trug, mit einem Morgenmantel darüber. Die dargestellte Dame, war vermutlich so teuer angezogen, dass man nach dem Preis nicht zu fragen wagte. Als Tom in den

Laden ging, wurde er alleine durch das Betreten sehr stark gedämpft, denn er trat auf einen großen weichen Teppich. Allein dieser Bodenbelag trug zu der ruhigen Atmosphäre des Ladens bei. Auf der linken Seite des Raumes stand eine ältere Verkäuferin zusammen mit einer noch älteren Dame, die offenbar ein Wäschestück suchte, man sprach sehr leise miteinander, sodass Tom, selbst wenn er es gewollt hätte, nichts hätte verstehen können. In diesem Augenblick öffnete sich die Tür im hinteren Bereich des Ladens und nun betrat ihn eine junge Frau. Jung, im Gegensatz zu den Frauen, die sonst im Laden waren. Tom schätzte sie auf Anfang bis Mitte 30, sie war fast 1 Meter 70 groß, schlank, sehr gut aussehend, hatte wunderschöne blonde Haare und - das fiel ihm sofort auf - phänomenal blaue Augen. Sie trug eine dunkelblaues Kostüm mit weißer Bluse, alles sehr seriös geschnitten. Erst später sah er, sie trug auch eine Halskette mit Steinen, die im Blau total zu ihren Augen passten. Ebenso hatte sie Ohrringe an, die ebenfalls diese blauen Steine einfassten. Diese Frau sprach Tom nun an, wobei er eine ganz leichte Verwunderung in ihrer Frage „Sie wünschen?" wahrnahm. Er glaubte, sie konnte ein gewisses Erstaunen nicht völlig verbergen, weil wohl nicht so häufig ein Mann seines Alters dieses Geschäft betrat. Später erfuhr er dann, wenn überhaupt einmal männliche Besucher kamen, waren sie in Begleitung wesentlich jüngeren Frauen, denen wiederum eine reizvolle Ausstattung an Unterwäsche geschenkt werden sollte. Tom sah die Frau, die sich mittlerweile hinter die rechte Theke begeben hatte, an und konnte nicht verhehlen, sie faszinierte ihn. Wie sie sich bewegte, wie sie dort hinging, das war alles von einer ungeheuren Selbstverständlichkeit. Dann schaute sie ihn wieder an, wobei er erneut von ihren blauen Augen beeindruckt war. Schließlich sagte er und es ergab sich ganz einfach eine gewisse Verzögerung in seiner Wunschäußerung:

„Ich suche einen Büstenhalter, einen Büstenhalter der Marke Rosi."

„Ah, Rosi“, sagte die Verkäuferin. „Hmm, wissen Sie auch Näheres?“

Wieder glaubte Tom, ein ganz klein wenig Verwunderung in der Art, wie sie fragte, zu verspüren, aber vielleicht war das auch seine Erwartungshaltung, denn eines musste er sich eingestehen, so richtig wohl fühlte er sich nicht.

„Ja, selbstverständlich.“ Er versuchte dabei eine möglichst geläufige Art an den Tag zu legen: „Ich brauche einen BH in der Farbe Weiß und zwar Unterbrustweite 75 und Cup-Größe B.“

„Aha“, meinte sein Gegenüber, „das ist präzise, ich denke wir haben den da. Ich werde mal nachschauen.“ Sie ging auf die andere Seite des Ladens, öffnete einen der dortigen Schränke im unteren Bereich und fing an, unter den dort befindlichen Schachteln nachzuschauen. Sie tat das eine Weile, kam dann zurück und sagte mit Bedauern:

„Tut mir leid, ausgerechnet den haben wir jetzt nicht da. Die Farbe Weiß ist aber sicher?“

„Ja“, meinte Tom „schwarz hat sie genug. Jetzt ist weiß gefragt.“

„Hmm“, war die Antwort, „das ist relativ selten, deshalb haben wir ihn vielleicht auch nicht da, zumindest nicht in dieser Größe. aber das ist kein Problem, ich werde ihn in spätestens 3 Tagen hier haben.“ Tom war inzwischen etwas mutiger geworden:

„Ja, kann ich so einem BH vielleicht auch in einer etwas anderen Größe mal sehen?“ Das Erstaunen im Gesicht seines Gegenübers war nicht zu übermerken, dennoch sagte sie:

„Aber selbstverständlich können sie ihn mal anschauen.“ Sie ging wieder zu dem Schrank und kam mit einer Schachtel zurück aus der sie dann den Büstenhalter auspackte und ihn vor ihm auf der Theke ausbreitete. Nun nahm Tom den Büstenhalter und schaute von hinten durch. Das Erste, was er feststellen konnte, war: Durch den weißen konnte man schlechter sehen, als durch den schwarzen, durch den er bei Ina geschaut hatte. Nicht entgangen war ihm auch das Erstaunen seines Gegenübers, dem sein Hindurchschauen und seine Enttäuschung über das Wäschestück nicht ganz entgangen war. Sie fragte ihn, ob ihn irgendetwas stören würde und er meinte zögernd:

„Ok, durch den weißen BH kann man schlechter durchschauen, als durch einen schwarzen."

„Wie", fragte sie, „Sie haben jetzt von hinten durchgeschaut. Ist das wichtig?"

Tom äußerte schließlich: „Ja, es ist tatsächlich wichtig. Dieser BH soll zunächst in allererster Linie nicht zu seinem an sich dafür vorgesehenen Zweck verwendet werden, sondern als Larve." Hierüber musste die Verkäuferin schlicht und ergreifend lachen.

„Als Larve", sagte sie, „auf Ideen kommen die Leute, phänomenal." Dann ließ sie sich den Umstand, wie es zu dieser etwas ausgefallenen Verwendung des BHs bzw. der Planung seiner Verwendung gekommen war, erklären und machte keinen Hehl daraus, sie fand es ungemein amüsant. Nun war es an ihr, etwas zu erklären:

„Es ist nicht sehr häufig – d.h. ich habe es noch nicht erlebt -, dass Herren Ihres Alters in dieses Geschäft kommen und so klar und bestimmt einen ganz speziellen BH kaufen wollen. Und jetzt kommen Sie und sagen, es geht Ihnen eigentlich gar nicht um seine Funktion als Wäschestück, sondern darum, ihn als Larve zu verwenden. Ja, wie ist es denn, wenn sie beide einen schwarzen nehmen?" meinte sie dann.

Er druckste ein wenig: „Ja, eventuell wird es nicht anders gehen, denn mit dem Weiß ist es schon sehr schwierig durchzuschauen, sind denn alle BHs so?"

„Es gibt selbstverständlich auch BHs, die leichter sind, aus durchsichtigerem Material, das sind dann aber ganz andere Hersteller."

„Eigentlich sollte der BH ja nachher auch für seinen üblichen Zweck Verwendung finden, dann müsste er aber der Trägerin passen und die kann ihn jetzt schlecht anprobieren. Sie ist nämlich nicht da und am Samstag ist der Maskenball."

Sein Gegenüber konnte sich des Lachens nicht ganz erwehren und strahlte ihn mit bemerkenswerter Offenheit an. Schließlich wurde sie etwas ernster:

„Ja, ich verstehe das gut. Es ist ein hervorragender Büstenhalter. Ich trage ihn selbst.“ Dabei öffnete sie den obersten Knopf ihrer Bluse und zeigte ihm das, woran man einen Rosi-BH erkannte, in der Mitte zwischen den beiden Schalen war eine kleine rote Rose befestigt. Tom war ein wenig irritiert, er war fast verlegen, denn er sah auf einen sehr schönen Busen und auf zwei gerade im BH verschwindende Brüste und als er der Frau dann ins Gesicht sah, hatte er den Eindruck, ihr Augenaufschlag hatte sich etwas verändert. Er war etwas langsamer geworden und die Augen gingen ein bisschen weiter auf. Die Frau hatte den Knopf längst wieder zugemacht. Es war ihr auch nicht entgangen, wie sehr Tom von dem ganzen Vorgang beeindruckt war. Sie schien aber nichts dagegen zu haben. Im Gegenteil, sie sah ihn sehr freundlich an und meinte:

„Übrigens hat die Firma Rosi ein neues Modell herausgebracht. Das ist noch etwas zarter als das jetzige, vielleicht ist das weniger hemmend und durchsichtiger, auch in Weiß. Ich habe das Modell noch nicht im Programm, es ist jetzt gerade erst gekommen. Es liegt noch oben in meinem Büro. Ich habe bis jetzt nur einen schwarzen gesehen, ich bin mir aber sicher, auch ein weißer ist dabei. Vielleicht sollten sie diesen mal anschauen, wenn man da besser durchschauen kann, dann können wir über irgendeine Lösung reden. Ich finde diese Anwendungsmöglichkeit einfach so amüsant, dass ich alles tun möchte, damit Sie sie verwirklichen können. Sie sollten sich den BH aber ganz sicher erst einmal anschauen, aber wie gesagt, ich habe ihn noch oben in meinem Büro im zweiten Stock. Ich werde aber vorsichtshalber auf jeden Fall den anderen in weiß bestellen. Man muss vielleicht doch mal noch etwas Anderes überlegen, denn ich habe das Gefühl, auch an der Körbchen Größe könnte sich ein bisschen was geändert haben. Zunächst sollten Sie erst mal schauen, ob der überhaupt geeignet erscheint. Ich muss jetzt hier noch eine knappe halbe Stunde auf eine Angestellte warten, die ist zur Zeit nicht da und wenn die zurückkommt, kann ich wieder oben sein. Ich denke, in einer guten halben Stunde ist das bestimmt der Fall. Wenn Sie Zeit haben, so lange zu warten oder wiederzukommen, dann tun Sie das ruhig. Wenn Sie wiederkommen, bin ich oben. Am besten klingeln Sie gleich unten an der Haustür im zweiten OG, Bittner müsste an der Klingel stehen.“

Dabei schaute sie Tom wieder an und erneut konnte er sich der Faszination dieser wunderschönen Augen nicht entziehen. Und erneut hatte er den Eindruck, ihr Augenaufschlag ging ein bisschen langsamer als sonst und ihre Augen wurden vielleicht auch ein ganz klein wenig weiter, als ihm das sonst aufgefallen war. Ansonsten war ihrem Gesicht und ihrer Sprache nichts anzumerken, und das obwohl die Aufforderung, sie nicht im Geschäft, sondern in anderen Räumen, in ihrem Büro, aufzusuchen etwas ausgefallen, fast merkwürdig war. Es wurde ihm richtig warm. Eine so schöne Frau, die ihn zu größerer Nähe aufforderte. Er musste ein wenig schlucken, denn er war Anfang 20 und sie war bestimmt 10 Jahre älter. Ok, aber er hatte sich nun mal auf diese souveräne Herrenart eingelassen, für seine Freundin einen Büstenhalter zu kaufen, dann würde er auch in der gleichen Souveränität weiter agieren. Er sagte deshalb sein Kommen zu, freute sich, dass sie einen weißen BH auf jeden Fall bestellen wollte und ging.

Als er draußen war, lief er zunächst noch ganz normal erscheinend um die nächste Ecke, Blieb stehen und machte erst mal „puah“. ‚Mein Gott was war da jetzt passiert, was hatte das zu bedeuten? Was wird passieren, was ist da....‘ Es ging ihm Vieles durch den Kopf und auch durch das Herz und durch andere Körperteile, wie er deutlich spürte. Es war einfach faszinierend. An sich hatte er jetzt etwas ganz anderes vorgehabt, aber das war nicht so wichtig, dass es unbedingt gemacht werden müsste. So dachte er sich ‚ok, dann bleib ich jetzt hier mal die halbe Stunde in der Gegend und schau mir Geschäfte an, oder ich geh einen Kaffee trinken, die Zeit krieg ich schon rum, ich muss ja nachher da hin und das will ich natürlich auch'.

Tom ging nun die Straße entlang und versuchte seine Gedanken zu sortieren, zu überlegen, was das wohl gewesen sein könnte, was Einbildung war und was tatsächlich dabei herauskommen könnte. Er kam zu keinem eindeutigen Ergebnis. Die Vorstellungen reichten von ganz normaler geschäftlicher Begegnung, ein Vorgang, wie er nun mal bei Kaufleuten nicht ganz unüblich ist. Man präsentiert Ware, auch nicht gerade billige Ware, und versucht, kundenfreundlich zu sein, bis hin zu der Vorstellung, was da abläuft, ist der mit Abstand raffinierteste Flirt, den er je erlebt hat. Tom wurde mehr oder weniger schlagartig klar, in seinen jungen Jahren wusste er von Frauen noch verdammt wenig. Einen derartigen Vorgang richtig einzuschätzen, zu durchschauen, was das Gegenüber nun wirklich möchte, das war ihm nicht gegeben. Wüst gingen seine Gedanken hin und her, nur eine Idee kam ihm die ganze Zeit nicht: Er könnte bei all den Überlegungen dem ganzen einen Riegel vorschieben, indem er sich fest vornahm, Ina treu zu sein. Nein, in seinen Gedanken spielte er Möglichkeiten durch, die mit Treue nun wirklich nichts mehr zu tun hatten. Diese Frau hatte ihn fasziniert und es gehörte auch mit zu den Fantasien junger Männer seines Alters, von einer etwas älteren Frau angemacht, ja angeleitet zu werden. Es mag einem weit verbreiteten Wunschdenken entspringen, von einer um 10, 15 Jahre älteren Frau die Dinge lernen zu können, die er gerade im erotisch-sexuellen Bereich sonst mühsam erwerben müsste und die ihre gleichaltrigen Freundinnen merkwürdigerweise von ihnen erwarteten. Er hatte sich schon immer über die auch in der Kirche so verbreitete Maxime geärgert, Frauen sollten Jungfrauen sein und Männer müssten Erfahrung haben. Das wurde ja zum rein statistischen Problem. Woher sollten die Männer die Erfahrung haben, aber grundsätzlich nur auf Jungfrauen stoßen, die sie dann heiraten könnten. Sollten sie etwa in einen Puff gehen? Da entwickelte sich der Gedanke: ‚Nun komm mal auf den Teppich, wahrscheinlich ist da überhaupt nichts dran, diese Frau will gar nichts von dir, die will nur was verkaufen und die ist sehr freundlich und sie ist sehr höflich. Sie ist vielleicht auch ein bisschen erstaunt, von der Situation angetan: Ein junger Mann kommt in dieses Geschäft, in dem sonst junge Männer äußerst selten sind, er will etwas für typisch weibliche Verwendung kaufen, sie will auch bei seinem ausgefallenen Wunsch weiterhelfen, hat aber keinerlei erotische Ambitionen oder gar Wünsche, ihm irgendetwas beizubringen, mit ihm irgendetwas Erotisches anzufangen'. So ging es in Toms Kopf hin und her und schließlich stand er vor dem Schaufenster einer Apotheke. Nanu dachte er sich, wie bin ich denn hier hingekommen? Ok, sie lag da auf seinem Weg, den er mehr oder weniger zufällig einschlug, aber warum war er Stehen geblieben? Überlegte er ernsthaft, ob er vielleicht ein paar Kondome kaufen sollte? Hmmm. Das wäre doch ein sehr deutlicher Hinweis, auf seine Erwartungshaltung. Andererseits, was tut's? Er brauchte sowieso wieder welche. Also hin und her und her und hin, schließlich ging er hinein und kaufte eine Packung. Er war auch ganz froh, dabei auf einen männlichen Verkäufer zu treffen, der die Schachtel ganz cool in eine Tüte steckte und dann über die Theke schob. Tom gab ihm das Geld und die Sache war erledigt. Irgendwann unterwegs warf er die Tüte weg und steckte die Packung in seine Hosentasche. Das Problem des hin und her war damit aber noch längst nicht gelöst. Im Gegenteil. Eigentlich hatte er sich dadurch ja mit seinen Spekulationen in gewisser Weise festgelegt. Was wäre denn, wenn seine Erwartungen völlig daneben gehen würden? Wäre er dann nicht enttäuscht? Müsste er nicht schon ob der Erwartung seiner Untreue ein schlechtes

Gewissen gegenüber Ina bekommen? Sei es drum, dachte er sich. Er war jetzt für alle Eventualitäten gerüstet und genauso genommen hatte er sich als Mann sehr korrekt verhalten, indem er für alle Eventualitäten vorsorgte. Ob die Situation dann eintreten würde, das müsste man mit aller Ruhe und mit Coolness betrachten und entsprechend agieren. Auf jeden Fall sollte er einen kühlen Kopf behalten. Und Ina müsse von all dem nichts wissen.

Einen kühlen Kopf behalten. Dieser Frau gegenüber. Wow. Und dann wieder die Überlegung: Nein, eine solche Frau, die tut doch so was nicht. Die ist doch auch ganz bestimmt verheiratet und nein, nein, Junge was hast du für Fantasien. Was hast du für Wünsche.

So verging die Zeit, Tom war letztendlich zu keinem Ergebnis gekommen, er war auch nicht in der Lage gewesen, irgendetwas anderes zu erledigen. Er ging einfach mehr oder weniger ziellos durch die Straßen und wartete darauf, dass der Zeitpunkt kam, zu dem er neben dem Geschäft in die Haustür treten konnte, um zu sehen, ob da tatsächlich der Name stand und ob er dann klingeln würde.

Die Zeit war um. Tom war mit einem ständig schwerer werdenden Schritt zu dem Geschäft gekommen, das heißt zu dem Haus. Er hatte gesehen, neben den beiden Schaufenstern war noch eine Eingangstür, an die trat er heran. Es gab mehrere Klingeln und an der zweiten Klingel stand tatsächlich Bittner. Tom holte tief Luft und läutete. Eine Weile musste er warten, dann ging der Türdrücker. Er ging hinein, einen relativ langen Gang entlang, bis er weit hinten im Gebäude auf ein Treppenhaus traf, das von unten bis oben gewändelt war, es hatte in der Mitte einen Fahrstuhl, den er aber nicht benutzte. Er ging zu Fuß, wahrscheinlich um Zeit zu gewinnen. An seinen Gedanken hatte sich nichts geändert. Es ging ständig hin und her. Was wird wohl geschehen? Was hat sie damit gemeint, ihn hier her zu bitten. Was hatte er zu erwarten? Die Vorstellung eines Wäschestücks? Das hätte sie auch im Laden machen können. Oder mehr? Diese Frage konnte er nicht klären. Nicht bis er oben an der Tür war. Die Tür stand einen Spalt weit offen, er blieb davor stehen und wartete. Es dauerte nicht lange, da wurde sie geöffnet und hinter der Tür stand wieder diese wunderschöne Frau.

„Da sind Sie ja“ meinte sie und wieder dieser Blick aus diesen wundervollen blauen Augen, wieder hatte er den Eindruck, der Augenaufschlag würde etwas zu langsam gehen und die Augen würden etwas zu weit aufgemacht. Er wusste es nicht genau. Er war sich auch nicht sicher, ob das, was er als leichtes Schürzen ihrer Lippen wahrnahm, nur seine Wahrnehmung oder ob es Tatsache war. Er musste sich zusammen nehmen, um souverän zu erscheinen und diese Räume, die Wohnung zu betreten. Er kam in einen Flur und wurde von dort zu einer Tür gewiesen, die schräg gegenüber lag und offen stand. Dort betrat er ein typisches Herrenzimmer. Schwere alte Möbel aus Eichenholz prägten es. Ein großer geschnitzter Schreibtisch mit einem dazu passenden Stuhl stand vorne quer zu den beiden Fenstern, die zur Straße hin führten. Daneben gab es einen großen Schrank mit geschnitzten Säulen ferner eine Sitzgarnitur aus schwarzem Leder, die wohl nicht so alt war, aber gut zu dem sonstigen Mobiliar passte. Das Zimmer, es war vielleicht 4 Meter hoch, wurde von einem Kristallkronleuchter erhellt, am Schreibtisch selbst brannte noch eine Lampe, wie er sie nur aus alten Filmen kannte, mit einem länglichen grünen Schirm. Vor der Sitzgruppe lagen auf einem Couchtisch Packungen, wie er sie zuvor gesehen hatte, solche mit Büstenhaltern der Marke ‚Rosi‘. Eine Schachtel war offen und ein BH schaute heraus.

„Nehmen Sie Platz“, sagte sie. Er konnte es nicht feststellen, ob sie merkte, die Form des Besuchs sei für ihn etwas Besonderes. Tom setzte sich auf eine lange 3 – 4sitzige Couch, die an der Wand stand und schaute seine Gastgeberin aufmerksam an, die wiederum lächelte zu ihm hinüber, sie hielt einen Moment inne und setzte sich dann neben ihn, wenn auch in gebührender Entfernung. „Schön, dass Sie gekommen sind“ sagte sie. „Hier sind die in Aussicht gestellten Büstenhalter. Es wird das neue Modell sein. Ich habe nochmal reingeschaut, also es ist tatsächlich eine leichtere und feinere Spitze, es könnte durchaus sein, dass Sie mit diesem Modell mehr Glück haben.“ Sie ergriff den einen aus der Packung herausgezogenen weißen BH, nahm ihn in die Hand, hielt in nochmal in Richtung Lampen und schaute von hinten durch und gab ihn dann an Tom weiter. Ihre Hände berührten sich dabei. War das Zufall? Zumindest hatte sie nichts getan, um diesen Kontakt zu vermeiden. Als Tom ihre Hand an seiner spürte, an der Außenseite des kleinen Fingers, durchlief ihn ein Schauer. Hätte er so etwas in einem Roman gelesen, hätte er nur gedacht ‚huch, wie kitschig‘, nein, er erlebte es. Es war so. Gerne hätte er geschaut, wie seine Partnerin reagierte, aber das konnte er jetzt nicht. Er nahm den Büstenhalter, hielt ihn ebenfalls gegen die Lampe und sah von hinten durch: „Tatsächlich, hier sieht man viel mehr. Gut, ich sehe er ist besser geeignet, aber das Problem ist halt, meine Freundin ist zur Zeit nicht da und es ist sehr schwierig, ihr einfach einen BH zu kaufen, den sie vorher nicht anprobiert hat.“

„Ich denke, da liegen sie richtig“, meinte Frau Bittner, „ich selbst trage normalerweise auch die Körbchen Größe B und habe jetzt gemerkt, dass ich bei diesem Rosi-BH C brauche. Mit B, das wird ein bisschen eng und das mag ich halt nicht. Wie ist das denn bei Ihrer Freundin? Also, ich gehe jetzt einfach mal davon aus, Sie wissen das auch differenziert: Ist die Größe B bei ihr eng oder eher passend“

Tom sah sie nun sehr offen an und dachte, das ist jetzt die Gelegenheit etwas deutlicher zu werden und sagte langsam: „Es gibt Zeiten, da bräuchte sie eigentlich eher C als B. Das wechselt aber. Ich denke, Sie verstehen was ich meine.“ Frau Bittner sah einen Augenblick weg, versuchte sehr sachlich zu sein und fragte: „Ja, hat sie ein schwankendes Körpergewicht oder hängt das eher mit einem monatlich wiederkehrenden Zyklus zusammen?“

„Ich denke es ist ihre Periode.“

Frau Bittner ergänzte wieder sehr sachlich: „Ja, das hat man bei vielen Frauen, wenn sie ihre Tage bekommen, schwillt die Brust an und sie bräuchten einen etwas größeren BH. Ich denke also, dass sie von diesem Modell unbedingt Körbchen Größe C brauchen würde. Ich selbst trage bei diesem Modell Größe C. Ich habe es jetzt extra noch einmal anprobiert.“ Dabei knöpfte sie ihre Bluse auf und zeigte ihren BH in voller Schönheit. Sie trug ein weißes Modell und hatte in der Mitte die typische klitzekleine rote Rose, die Rosi nun einmal in seine Wäschestücke hinein machte. Tom blieb die Luft weg. Anders konnte man es nicht beschreiben. Wahrscheinlich wurde sein Blick etwas starr, er schaute sie an, seine Ratlosigkeit war überhaupt nicht mehr zu übersehen. Diese Frau hatte einen wunderschönen Oberkörper und trug einen hervorragenden BH, der bestens zu diesem Busen passte. Sie sah ihn an, sie hatte seine Verlegenheit gesehen und er merkte das. Nichtsdestotrotz fuhr sie in ganz sachlich ruhigem Ton weiter fort: „Ich finde, er sitzt hervorragend und es hängt natürlich immer von der Form der Brust ab, aber mir passt er bestens.“ Dann schaute sie ihn einen Moment lang direkt an und fragte: „Wollen Sie mal fühlen?“ Sie nahm seine Hand und führte sie an ihre Brust. Tom hätte ihr seine Hand unschwer entziehen können, aber er dachte nicht im Traum daran, das zu tun. Eigentlich war das genau das, wovon er immer, schon als pubertierender Junge, geträumt hatte. Auf die Art und Weise von einer Frau an die Frau herangeführt, ja verführt zu werden. Mit der rechten Hand hielt sie seine linke Hand über ihrer rechten Brust, rutschte ein wenig näher und sah ihm in die Augen: „Du bist sehr zärtlich. Ich weiß das. Das wusste ich vom ersten Augenblick an. Und das finde ich schön und das will ich haben.“ Bei Tom drehte sich alles und es war ihm trotzdem gleichzeitig sonnenklar: Viel denken konnte er nicht, mochte er auch nicht, denn im nächsten Augenblick küssten sie sich und sie küssten sich lange und intensiv.

Keiner sagte mehr etwas über das ob und wie und warum. Es gab keine Entschuldigungen, keine Erklärungen, gar nichts. Es war einfach. Sie hielten sich in den Armen, sie küssten sich, er streichelte sie. Er streichelte sie überall. Sie strahlte ihn an und ihre Augen waren noch schöner als vorher.

Noch während sie sich küssten, hatte er ihr mit ihrer Mithilfe, ihre Bluse ausgezogen und sehr gekonnt mit einem einzigen Griff ihren BH aufgemacht. Sie unterbrach das Küssen, grinste ihn schelmisch an und sagte: „Aha" und dann küssten sie sich weiter. Er streichelte ihre Brüste und küsste sie. Sie meinte nur: „Ich wusste es, Du bist zärtlich. Siehst Du." Tom wurde klar, er wäre auf gar keine andere Idee gekommen, als zärtlich zu ihr zu sein. Was zwischen ihnen ablief war wie ein Feuerwerk. Von Null auf höchste Temperatur, vom Dunkeln in absolute Helligkeit. So viel Lust, so viel Verliebtheit, sie schlossen einfach alles andere aus. Kein Mensch um sie herum hätte sich in irgendeiner Weise beteiligen können. An keinen Menschen um sie herum dachten sie. Es gab nur noch sie beide.

Was nun folgte, ist kaum zu beschreiben. Ganz sicher ist es ein frivoler Vorgang, aber keiner von beiden wäre damit einverstanden, das Geschehen, als frivol zu bezeichnen. Es war auch keine Liebe, was zwischen den beiden geschah. Das wäre vermessen gewesen. Liebe meint etwas anderes, braucht länger, kann für so etwas nicht verwendet werden. Es wäre Verschwendung. Was hier geschah, war das Ergebnis von Lust, von Erotik, von Übereinstimmung, von dem Erkennen der jeweiligen Lust und von dem Erkennen des jeweiligen Begehrens – des eigenen und das des anderen. Das Ergebnis des darauf Eingehens, was der jeweils andere will. Es gab keine Probleme, sich das gegenseitig zu sagen, es darzustellen, es sich spüren zu lassen, es wahrzunehmen. Es war einfach Lust in ganz hoher Vollendung. Alles geschah mit großer Selbstverständlichkeit und gleichzeitig mit großer Spannung. Sie zogen sich gegenseitig aus, denn jeder wollte, der andere sollte nichts mehr anhaben, jeder wollte den anderen so, wie er tatsächlich ist. Schließlich streichelte sie ihn überall, sah ihn dann plötzlich an, küsste ihn auf den Mund und sagte: „Du gehst ja gleich los. Komm, das machen wir anders.“ Zugegeben, er war äußerst erregt. Nichtsdestotrotz deutete er ihr an, er müsste nochmal an seine Hosentasche. Sie verstand sofort, was er dort wollte. Sie schüttelte nur den Kopf und sagte: „Nein, das brauchen wir nicht.“ Dann nahm sie seine Hand und führte sie an ihren Bauch bis hinunter zu ihren Venushaaren und kurz unter deren Grenze spürte er eine Narbe. „Siehst Du“, kam es leise, „wir brauchen nichts. Nur uns beide.“ Dann drängte sie ihn dazu, sich auf das Sofa zu legen, sie warf die Rückenpolster nach hinten und setzte sich nackt, wie sie war auf ihn und führte ihn ganz langsam in ihre Scheide ein. Er hatte sie dort noch nicht intensiver angefasst, hatte mal ihren Venusberg gestreichelt und ein bisschen mit ihren Venushaaren gespielt, aber ansonsten nichts und nun glitt er ganz sanft in sie hinein. Er sah ihr an, wie sie es genoss. Schließlich war er ganz drinnen und sie sah ihn an und flüsterte: „So und jetzt komm.“ Ein paar Bewegungen, nur ganz wenige, nur Andeutungen von Bewegungen genügten, sie beherrschte das Geschehen und sie wollte es auch beherrschen und dann kam er - und wie! Mit der gesamten Kraft eines jungen Mannes, der hochgradig erregt war, gab er ihr, was er in solchen Situationen überhaupt haben konnte. Sie hatte die ganze Zeit sehr genau auf jede Regung, jede Erregung bei ihm geachtet, schaute ihn an und strahlte. Schließlich sagte sie nur noch: „Ja, gib mir deinen Saft.“

Als diese erste riesige Gefühlwallung herum war, wollte sich bei ihm die Realität wieder einstellen. Plötzlich wurde er etwas verlegen, wollte sich wieder von ihr lösen, aber das ließ sie nicht zu. Sie merkte ziemlich genau, was abging, blieb einfach auf ihm sitzen, hielt ganz still und meinte: „Warte ab. Halt ganz still und warte ab.“ Er spürte das, was er kannte: Kurz nach einem Höhepunkt war er einige Minuten sehr empfindlich, aber er merkte auch, wie diese Empfindlichkeit in der enormen Wärme, die ihn umgab, nachließ. Aus der Erregung, die fast bis an die Schmerzgrenze herangegangen war, entwickelte sich ein Gefühl der Zusammengehörigkeit und der Wärme, das Nachlassen seiner Erektion war nicht besonders stark. Thea blieb einfach auf ihm sitzen, schön wie sie war, lächelte und strahlte ihn mit ihren wundervollen Augen an.

Nun fiel ihm besonders auf, wie nackt sie war, nur ihre blaue Kette trug sie noch immer und die Ohrringe. Mehr und mehr fing er an, den Anblick ihrer Schönheit zu genießen, den Reiz zu kosten, der von diesem Bild ausging, die volle Schönheit ihres Körpers zu erfassen und stark zu erleben, wie eng zwei Menschen zueinander kommen können, es war einmalig. Die ganze Zeit über hatte sie sich mit beiden Händen auf seinen Schultern abgestützt und er hatte ihre beiden Oberschenkel berührt und gestreichelt. Die Lust hatte beide erfasst. Genauere Informationen hatte wahrscheinlich keiner von ihnen. Nun fing sie an, sich aufzurichten und sich ganz langsam und vorsichtig zu bewegen. Dabei sah sie sehr genau hin, ob ihm das Spaß machte und ob es angenehm war. Sie erfasste genau den Zeitpunkt, wo es bei ihm wieder ging und dann fing sie an, sich immer mehr zu bewegen und noch ein bisschen nach hinten zu lehnen, wobei er sehr deutlich sah, wie sehr es ihr wiederum große Lust machte. Sie kannte sich aus. Sie wusste genau was zu tun war, damit auch sie richtig Lust empfinden konnte und sie wusste wie man das steigert. Tom lag da, sah ihr zu und war sehr zufrieden, offenbar verstand sie es auch, sich selbst zu versorgen. Sie bewegte sich nun immer heftiger, lehnte sich noch stärker nach hinten, stützte sich dann schließlich mit den Händen ab, kümmerte sich nicht mehr weiter um Toms Lust, sondern bemühte sich um ihre eigene. Sie beherrschte das Geschehen und sie beherrschte es unglaublich gut. Tom merkte, wie sie ihm große Lust bereitete und er wieder kommen würde, so erlebten sie einen gemeinsamen Höhepunkt, wie er ihn selbst noch nie mit einer Frau erlebt hatte. Sie gurgelte und stöhnte und schluchzte, alles gleichzeitig. Dann schließlich brach sie mit einem zarten Aufschrei zusammen, fiel wieder nach vorne auf ihn, lag dort, schnaufte, holte tief Luft, sah ihn dann schließlich an und sagte nur noch: „Wunderschön. Das ist wunderschön." Sie lag immer noch auf ihm, er spürte, wie ihr Herz klopfte und spürte wie er langsam aus ihr heraus glitt. Sie sagte nur das eine über das andere Mal: „Ich habe es gewusst, es ist wunderschön. Ich habe es gewusst, es wird wunderschön. Du und ich, das wird wunderschön." Sie rutschte dann von ihm herunter und gleich bis auf den Fußboden, kniete sich neben ihn, streichelte ihn, schaute ihn an und fragte: „Sag mal, hast Du Zeit für uns beide heute Abend?" Er nickte und dann sagte sie: „Ok, dann schreib ich Dir jetzt einen Zettel und Du holst ein paar schöne Sachen für uns fürs Abendessen, ok? Ich muss nämlich ohnehin nachher in den Laden runter, die Kasse machen und so und wenn Du gegen 7 Uhr wiederkommst, ist alles in Ordnung. Du musst vielleicht in die Kleinmarkthalle, um die Sachen zu holen, aber das wird schon, ok?"

Tom war immer noch erfüllt vom Geschehen und immer noch überwältigt, wie es geschehen war. Er hatte das noch nicht so ganz sortiert, aber sie war schon wieder munter und bei der Sache und alles lief so, wie sie es erfragte und sie fragte genau das Richtige. Sie zogen sich an und immer wieder zwischendurch streichelten sie sich und küssten sich und strahlten einfach aus, wie glücklich sie waren. Glücklich miteinander.

Schließlich waren sie angezogen, schließlich ging Tom nach vielen Umarmungen, nach vielen Küssen, nach vielem Streicheln, aber er ging. Er hatte einen Zettel und er machte sich auf den Weg und er war beschwingt. Er ging die Treppe hinunter und er wusste noch immer nicht so recht, wie ihm geschah, aber es war einfach schön.

Thea hatte den Zettel in Windeseile geschrieben, aber er war genau in der Reihenfolge, wie er die Geschäfte aufsuchen musste und es stand genau drauf, was er holen sollte und es waren lauter leckere Sachen. Er konnte erkennen, sie kannte nicht nur die einzelnen Feinkostgeschäfte sehr gut, sondern wusste auch sehr genau, was wie zusammen passte und er freute sich schon darauf, wie sie daraus etwas zaubern würde. Tom ging wie in Trance von einem Geschäft zum anderen, besorgte alles, was auf dem Zettel stand, es war überhaupt keine Frage, er bekam es und nirgendwo gab es Zweifel und er brauchte auch nicht zu denken und er dachte auch an fast nichts und schon gar nicht an Ina. Er dachte nur daran, wie schön es ist und wie schön es war und er dachte an Thea und er wollte wieder zu ihr. Tom war verliebt. Er war in einem Ausmaß verliebt, das ihm an sich unfassbar erschien. Das hatte er vorher nicht gekannt. Wenn so etwas, auch nur vergleichsweise gekommen wäre, hätte er versucht es abzuwehren. Er hätte Angst gehabt, es würde ihn völlig unsicher machen, es würde ihn unfähig machen, logisch zu handeln. Er würde sich vergessen, man könnte über ihn bestimmen. Er wäre schlicht hilflos. Er wäre ausgeliefert. All das nahm er jetzt einfach in Kauf. Es war egal. Es war nicht mehr wichtig. Es war nur noch eines wichtig und das war Thea und das waren die Gefühle, die sie miteinander hatten und das Schöne, das sie miteinander hatten und es war das Schöne was sie miteinander haben würden, denn davon träumte er schon.

Tom ging von einem Geschäft zum anderen, es war ja nicht sonderlich weit bis zu der Straße in Frankfurt, die die

‚Fressgass' genannt wurde und in der eine Reihe der Geschäfte lagen, die ihm Thea aufgeschrieben hatte. Er ging wie auf Wolken, er war von dem Geschehen der letzten Stunden immer noch sehr beeindruckt. Er hatte für nichts und niemanden einen Blick, wenn er einen Bekannten getroffen hätte, hätte er ihn bestimmt übersehen. Es war ihm auch gleichgültig, was seine Familie zu Hause dachte, denn die hatte ihn schon viel früher wieder zurückerwartet. Im Moment gab es bei ihm nur Thea, das was er mit ihr erlebt hatte und das was sie zusammen vorhatten. Da war zunächst einmal das gemeinsame Essen und dann vielleicht auch eine Fortsetzung dessen, was sie miteinander erlebt hatten. Tom war sich sicher, das würde passieren. Zumindest war seine Sehnsucht danach.

Bis 18:30 Uhr, als die Läden schlossen, hatte er alles besorgt, was Thea aufgeschrieben hatte. Ebenso eine einzelne rote Rose, die er Thea verehren wollte. Da er noch etwas Zeit hatte, rief er bei seiner Familie an, um zu sagen, es würde sehr spät. Weitere Erklärungen gab er dazu nicht ab. Er ging dann noch ein wenig durch eine Fußgängerpassage und schaute sich die Aushänge an einem Kino an, hätte aber nicht sagen können, was er alles gesehen hatte, denn seine Gedanken kreisten nur um den Nachmittag, kreisten um Thea, kreisten um das was sie gemeinsam miteinander erlebt hatten. Tom hielt sich nicht für gänzlich unerfahren, aber das was er in den letzten Stunden zusammen mit Thea gespürt hatte, stellte alles in den Schatten, was ihm zuvor in Jahren widerfahren war. Irgendwann dachte er mal kurz daran, er müsste doch ein schlechtes Gewissen gegenüber Ina haben, das schob aber ganz schnell mit einer Grundhaltung wie ‚das ist was völlig anderes' bei Seite und in der Tat, diese Beziehung war etwas anderes als alles was er es bis dahin kannte. So kamen auch Gedanken an die Zukunft bei ihm auf, wie das mit Thea und ihm weitergehen könnte und was aus Ina und ihm würde. Dann setzte sich aber die Haltung durch, jetzt kann ich das alles nicht klären, jetzt lebe ich erst mal und jetzt geht es erst mal weiter und da gibt es jetzt nur das, was ihm bevorstand, was ihm vorschwebte, was mit Thea sein konnte. Alles andere erschien unwichtig. Eine ganz starke Kraft in ihm trieb ihn zu leben, zu lieben - Liebe auszuleben. Ein alter lateinischer Satz fiel ihm ein: ‚carpe diem' – nutze den Tag, fange den Tag – was heißt hier Tag, dachte er sich, fange die Stunde, fange nicht nur den Tag, fange auch die Nacht.

Allmählich wurde es Zeit und er ging zurück, diesmal mit beschwingtem Schritt, diesmal hatte er keine Angst zu läuten. Er drückte auf die Klingel, Thea kam und öffnete ihm und zwar gleich die Haustüre, denn sie war aus dem Laden gekommen und ließ ihn erst in den Hausgang ein. Als die Tür geschlossen war, nahm sie ihn in den Arm. Tom, der in beiden Händen Beutel trug, konnte sie gar nicht richtig umarmen, das war aber nicht schlimm, im Gegenteil, er hatte sogar das Gefühl, sie freute sich darüber. Sie drückte ihn fest an sich, küsste ihn auf die Lippen und meinte: „Ich bringe dich erst mal rauf, ich habe noch kurz was zu tun, ich komme dann nach." Sie gingen hinauf in den zweiten Stock und sie ließ ihn ein. Er nahm zunächst in dem Herrenzimmer Platz, in dem sie vorher gewesen waren. Sie nahm ihm die Tüten ab und brachte sie in die Küche, dann ging sie wieder hinunter. Auf dem kleinen Tisch lag noch immer der Karton mit den BHs, außerdem lagen noch ein paar Zeitschriften herum, die aber nicht besonders aktuell waren. Tom hatte keine Geduld, keinen Nerv, jetzt in eine Zeitschrift zu schauen, er stand auf, ging zum Fenster, sah hinaus. Auch das war nicht besonders abwechslungsreich, dann schaute er sich im Raum um. Sein Blick fiel wieder auf den Schreibtisch, den mit der altertümlichen Bürolampe, er betrachtete alles etwas genauer. Dort lag eine schwere lederne Schreibunterlage und eine Schreibtischgarnitur altertümlicher Art, noch mit einem richtigen Tintenfass, das aber zweifelsohne nicht mehr in Benutzung war, ferner eine große Schale in der alle möglichen Stiften und ein

Füllfederhalter lagen. Neben der Schreibunterlage ruhte ein vielleicht 25 – 30 cm langer Dolch aus Silber, das heißt, was er sehen konnte sah aus wie der Griff eines Dolchs, der in einer metallenen Scheide steckte, sowohl die Scheide als auch der Griff waren aus fast überladen verziertem Silber. Er konnte nicht widerstehen, nahm den Gegenstand in die Hand und zog den Dolch heraus und siehe da, es war kein Messer, es war ein Brieföffner, denn für einen Dolch war dieses Instrument einfach zu stumpf. Allerdings war es insgesamt geformt wie ein Dolch, hatte eine Klinge, die ebenfalls auf beiden Seiten mit Gravuren geschmückt war. Auch dieser Teil war offenbar aus Silber, das ganze Gerät war recht schwer. Tom betrachtete ihn von allen Seiten und spielte ein wenig damit, als Thea zurück kam und ihn dabei sah, fragte sie ihn: „Na, gefällt er Dir?“

Tom nickte: „Es ist ein sehr erstaunlicher Gegenstand und sehr schön.“

„Ja, der ist aus Ungarn. Wahrscheinlich ist er schon sehr alt. Wie alt genau, das weiß ich nicht. Er stammt noch aus der Familie meiner Mutter. Die hatte ihn mitgebracht und seit ich mich erinnern kann, gibt es den. Es sieht martialisch aus, aber es ist nur ein Brieföffner. Für irgendwelche Kämpfe ist er zu stumpf. Ich glaube auch nicht, man könnte die silberne Klinge hinreichend scharf machen, damit sie zum Schneiden taugt.“ Tom hielt immer noch den Brieföffner in der rechten Hand, nun umfasste Thea diese mit ihrer und half ihm den Dolch wieder in die metallene Scheide zu stecken. Das ganze diente nur dazu, seine Hand nehmen und wieder an ihre Brust führen zu können. Was nun folgte war ein langer tiefer Kuss bei dem sie sich ganz dicht an ihn drängte. Stark war das Drängen durch Thea, auch mit geschlossenen Augen küsste sie ihn immer noch und heftig. Schließlich meinte sie:

„Komm, jetzt gehen wir Essen kochen. Du kommst doch mit in die Küche?“

„Na klar“, meinte Tom, „ich könnte Dich jetzt nicht alleine lassen, wozu auch? Selbst wenn ich Dich nur anschauen kann, ist das unglaublich schön. Bestimmt mehr wert als wenn ich hier alleine herum sitze."

„Ja, wir können auch das eine oder andere zusammen machen. Ich koche gerne in Gesellschaft, das macht großen Spaß." In der Küche meinte sie dann: „Wir können doch auch hier essen, das Esszimmer ist so steif, weißt du, das ist so vornehm." Tom, der von dem Esszimmer gar nichts wusste, war sofort einverstanden. Thea breitete nun die Sachen auf dem Küchentisch aus, erklärte kurz, was sie damit machen wollte und fing an. Soweit Tom das konnte, half er ihr dabei und sie gab ihm immer wieder etwas zu tun. Zwischendurch drehte sie sich immer mal wieder zu ihm, dann folgte ihr unvergleichlicher Blick und meistens ein Kuss. Tom bekam wieder ein Gefühl von abgehoben sein, so als wäre er gar nicht richtig da, er war schlicht verzaubert. Ab und zu trat er einen Schritt zurück und sah ihr zu, schließlich setzte er sich auf einen Stuhl, weil er in dem Stadium der Essenszubereitung nichts mehr zu tun bekam. Er beobachtete Thea, wie sie sich sehr geschickt und mit großer Sicherheit bewegte. Schließlich ging es nur noch darum, den Tisch zu decken. Thea holte eine Weinflasche, die Tom aufmachte, dann setzten sie sich an den Küchentisch einander gegenüber, sahen sich an, wünschten sich einen guten Appetit, aber ehe sie anfangen konnten zu essen, stand Tom noch einmal auf, ging um den Tisch herum und küsste Thea. Fast hatte er den Eindruck, genau darauf hatte sie gewartet. Als er wieder saß meinte sie: „So, das war unser Tischgebet und jetzt lass es Dir schmecken."

Während des Essens kamen sie über sie beide ins Gespräch, denn sie stellten fest, keiner wusste von dem anderen sehr viel. Tom war inzwischen klar geworden, sie war die Inhaberin dieses Wäschegeschäfts, zu dem auch die Wohnung gehörte, in der sie lebte und Thea wusste, er war Student, denn er wollte ja mit seiner Freundin zusammen auf ein Maskenfest der Uni gehen. Sie wusste auch, er wohnte nicht sehr weit weg und beide wussten voneinander, sie verstanden sich beim sich lieb haben ausgezeichnet. Das war's dann aber auch. Thea leitete das Gespräch, das merkte Tom, aber er hatte auch nichts dagegen. Sie war es die Fragen stellte, sie war es, die auch von sich etwas erzählte, aber als Tom schließlich nochmal vorsichtig auf den Hintergrund seines Besuches und seine Suche nach einem typisch weiblichen Wäschestück zu sprechen kam, meinte sie plötzlich sehr ernst: „Tom, nur damit wir uns nicht falsch verstehen. Wir beide lieben uns heute über alles. Zumindest ist das von meiner Seite aus so, aber mehr will ich nicht. Das heißt nicht, dass wir uns auf heute beschränken müssen, aber mehr als das will ich nicht. Ich könnte auch sagen, mehr kann ich nicht. Mehr sollten Du und ich nicht tun." Tom wurde nun nachdenklich, er schaute sie an, runzelte leicht die Stirn bis Thea meinte: „Jetzt schau nicht so. Um es ganz klar zu sagen: Ich bin wahrscheinlich noch wesentlich älter als Du denkst."

Nun bekam Tom einen etwas starren Blick, er meinte vorsichtig: „Na ja, ich schätze dich so auf Anfang bis Mitte 30."

„Danke", entgegnete Thea, „ich bin 42."

Jetzt war es an Tom zu staunen, ja er schluckte sogar und meinte nur: „Donnerwetter, das hätte ich wirklich nicht gedacht."

„Tut mir gut, wenn du das sagst, also, da geht es los. Das zweite ist, ich bin Witwe, dass ich keine Kinder bekommen kann weißt du. Ich habe auch keine. Ich habe auch keinen Freund oder Partner. Du kommst also auch niemandem in die Quere und dann gibt es noch etwas: Ich will nicht, dass Du Dich wegen mir von deiner Freundin trennst. Ob Du der irgendetwas von uns beiden sagst, ist Deine Sache. Ich bestehe nicht darauf. Im Gegenteil." Nun fing sie wieder stärker an zu strahlen: „Weißt Du, der heutige Tag ist so schön, er ist für Dich und mich da, der ist für uns da, und für sonst niemanden und deshalb braucht auch niemand etwas davon zu wissen."

Tom mochte es nicht ganz fassen. Er erlebte Umstände, wie in einem relativ preiswerten Roman: Junger Mann trifft deutlich ältere Frau, die sehr schön ist. Sie verlieben sich ineinander, sie machen miteinander was geht, alles ist sehr schön und es erwächst daraus keine Verpflichtung. Tom spürte deutlich, er hatte schon darüber nachgedacht, was aus Thea und ihm werden sollte, werden könnte und so schön wie es gewesen war, so eindrucksvoll das war, was sie miteinander erlebt hatten, wünschte er sich, es sollte dabei bleiben. Andererseits war ein gänzlich anderes Leben, zum Beispiel an Theas Seite für ihn auch kaum vorstellbar. Er schaute daher Thea an und meinte dann ganz ruhig: „Du, ich glaube es gibt eine ganze Menge Dinge, die müssen sich bei mir jetzt erst mal setzen. In Vielem bin ich jetzt schlicht verwirrt, überfordert. Aber da Du jetzt hier mir gegenüber sitzt und ich Dich sehe, da kann ich einfach nicht nachdenken. Da muss ich an Dich denken. An Dich und an das Schöne, was zwischen uns war und auch an Dinge, die vielleicht noch sein werden. Oder willst du mich nach dem Essen gleich wegschicken?" Thea lächelte und bekam dabei einen ausgesprochen verführerischen Mund.

„Nein" sagte sie „das ganz bestimmt nicht. Zumindest nicht gleich. Oder musst du etwa gehen?"

„Nein" entgegnete Tom „für dich habe ich alle Zeit der Welt."

„Ist in Ordnung, aber übertreib nicht so."

Nun gab es noch den Nachtisch und dann nahm sie die Weinflasche und die Gläser und ging hinüber in das Wohnzimmer. Dort setzten sie sich nebeneinander auf die Couch und schmusten ausgiebig miteinander. Dabei war Tom ganz nebenbei damit beschäftigt, sie Stück für Stück zu entblättern, bis Thea schließlich meinte: „Komm, jetzt zeige ich Dir das Schlafzimmer. Da haben wir es bequemer." Thea hatte ohnehin nicht mehr viel an und auch Tom zog sich mit ihrer Mithilfe sehr schnell aus, sodass sie in ihrem großen etwas altertümlichen Bett gemeinsam unter die Decke krochen. Sie waren beide nackt, freuten sich am anderen, kuschelten aneinander, freuten sich, ihre Haut zu spüren. Tom streichelte Thea und Thea streichelte Tom, sie liebkosten sich von oben bis unten und schließlich fanden sie auch so zueinander, wie das eben nur Mann und Frau miteinander können. Auch hier war zunächst große Zärtlichkeit angesagt und dann wurden sie immer heftiger, schließlich schlug Thea ihre Beine über Toms Rücken zusammen und hielt ihn unabweislich fest, während sie ihn oben an den Schultern fest mit den Armen an sich drückte, was Tom aber nicht als schmerzhaft empfand. Im Gegenteil, es schien seine Erregung noch zu steigern, in solchem Maß an sie gezogen zu werden. Wie beide dann den Höhepunkt erreichten, war keinem nachher klar. Sie sprachen nicht darüber, sie sahen sich nur an und wussten jeder vom anderen. Es war das Abtauchen ins absolute, lustvolle Nichts. Bei Tom war so eine Vorstellung entstanden, wie wäre in seinem Gehirn eine riesige aber sanfte Explosion losgegangen, aber er wusste nicht so genau, wo sein Gehirn war, im Kopf oder doch vielleicht viel weiter unten. Nachdem sie auseinander rollten, brauchten sie schon eine gewisse Zeit, bis sie wieder in der Realität ankamen. Zumindest so weit, dass sie sich wieder richtig anlächeln und streicheln konnten. Das taten sie dann auch. Als Tom nun mit seiner streichelnden Hand wieder bei Theas Venusberg landete, legte sie ihre Hand darüber und meinte: „Du, das muss jetzt erst mal reichen. Es ist wunderschön mit Dir, aber ich muss morgen wieder relativ früh aufstehen."

„Dann ist es wohl besser, wenn ich jetzt gehe."

„Ja",. meinte sie, „es ist auch bald ein Uhr."

„Und, wann sehen ich dich morgen wieder?"

„Ja", meinte Thea und wurde relativ ernst, „morgen können wir uns noch sehen. Aber komm erst so gegen halb acht abends."

Tom wäre ja am liebsten noch geblieben, allein die Hoffnung wiederkommen zu dürfen war viel wert. Und so drängte es ihn das zwar gleich am nächsten Vormittag wieder zu tun. Thea erklärte ihm aber sie hätte noch eine ganze Menge zu erledigen, wobei Tom zwar das Wort ‚noch' hörte, aber darauf nicht mehr einging. Wahrscheinlich wollte er es einfach nicht wahrnehmen. So bedeckte er noch einmal Thea von oben bis unten mit Küssen, zog sich an und verließ sie.

Den ganzen nächsten Tag über durchstreifte Tom die Geschäfte der Stadt. Er wollte nicht zu Hause sein und in die Uni gehen mochte er auch nicht. Er wollte irgendetwas finden, eine Kleinigkeit, die er Thea mitbringen könnte, aber es wollte ihm nichts so recht gefallen. Bei diesen Überlegungen wurde ihm noch mehr klar, wie wenig er von ihr wusste. Sie war erheblich älter als er. Selbstverständlich hatte er festgestellt, die Jahre waren nicht völlig spurlos an Theas Körper vorübergegangen, aber das hatte ihn nicht gestört. Andererseits war ihm sehr deutlich geworden, diese Frau hatte erotisch eine ganz andere Reife als all die, mit denen er vorher irgendwann intim gewesen war. Nichtsdestotrotz, es fiel ihm nichts rechtes ein, was er ihr mitbringen könnte. Schließlich entschied er sich für eine herzförmige Pralinenschachtel und einen Strauß mit winzigen kleinen Rosen.

Pünktlich um halb acht abends läutete er wieder an Theas Tür, sie öffnete ihm, empfing ihn sehr, sehr liebevoll. Diesmal trug sie ein dunkelblaues Kleid mit einem dazu passenden Jäckchen, eine Perlenkette und dazu passende Ohrringe. Sie stellte die kleinen Röschen in eine Vase und dicht neben die einzelne Rose vom Vortag, freute sich auch über die Pralinen, besonders über die herzförmige Schachtel, in der sie waren. Dennoch erschien sie Tom bei allem, was sie tat, ernster als am Vortag. Sie waren zunächst zusammen in das Wohnzimmer gegangen, sie meinte dann aber sehr bald: „Wir sollten zusammen essen gehen. Es macht Dir doch nichts, sich mit mir sehen zu lassen?"

Tom war erstaunt, fast ein wenig gekränkt: „Keine Frage, wenn Du Dich mit mir zeigst."

Sie schlug dann vor: „Ich denke, wir gehen zu Jaques, das ist nicht weit von hier, da kann man unheimlich gut essen und ich mag ihn." Tom hatte noch nie etwas von einem Lokal dieses Namens gehört oder kannte einen Wirt namens Jaques, aber er wusste auch nichts anderes und wollte auch nichts anderes. Dann gingen sie los, schon unterwegs sagte ihm Thea, es sei nicht weit. Tatsächlich, nur zwei Straßen, in einer kleinen Seitenstraße, in der Tom kein Speiselokal vermutet hätte, war tatsächlich ein relativ unscheinbares Restaurant, das auch eine etwas verfremdete Inschrift hatte, die man, wenn man es wusste, als Jaques lesen konnte. Wie Tom nachher erfuhr waren die Buchstaben in Richtung auf hebräische Schriftzeichen hin etwas verändert, sodass man den an sich französischen Namen Jaques gar nicht auf den ersten Blick erkennen musste. Das Lokal war nicht sonderlich groß, es gab 8 – 10 Tische, zum Teil in kleinen Nischen. Gleich als sie eintraten, kam ein Mann im dunklen Anzug auf sie zu, der Thea mit einer angedeuteten Umarmung begrüßte und dem sie Tom vorstellte. Er geleitete sie zu einem freien Tisch, bat Tom und Thea freundlich Platz zu nehmen und gab auch nicht den Anschein eines Erstaunens zu erkennen darüber, dass Thea mit einem doch erkennbar deutlich jüngeren Begleiter auftauchte. Nun bemerkte Tom, Thea und Jaques unterhielten sich nicht immer auf Deutsch oder völlig klar auf Deutsch, allerdings dauerte deren Gespräch nicht lange, dann ging er weg. holte eine ledergebundene Karte und brachte erst einmal drei Gläser Rotwein mit. Es waren kleine Gläser, von denen aber auch eines für ihn bestimmt war. Er prostete den beiden zu und dabei hörte Tom sehr deutlich, wie er „Schalom" sagte. Tom wusste, das war die typische Begrüßung unter Israelis und es bedeutete „Frieden". Tom konnte offenbar sein Erstaunen nicht verbergen.

Thea lachte ihn an: „Ich hatte eigentlich gedacht, Du hättest es gestern schon an dem Essen gemerkt, das ich machte.

Es war alles koscher. Ja, ich bin Jüdin. Nicht besonders gläubig, aber wir leben halt doch in einer relativen Diasporasituation und da macht man vielleicht mehr, als man es sonst täte. Übrigens habe ich nicht den Eindruck, dass es Dich in irgendeiner Weise stört." Tom war erleichtert, denn er hatte eine Frage in diese Richtung schon befürchtet. Thea meinte dann: „Na ja, vielleicht sollte ich dir doch mal ein bisschen mehr noch von mir und meiner Familie erzählen. Die Geschichte ist allerdings nicht immer sehr schön."

„Erzähl", sagte Tom, „es gibt auch sehr ernste Sachen in diesem Leben." Denn er ahnte, was kommen würde. Aber es war nun mal auch ein Stück Realität mit der auch Tom leben musste.

Thea berichte dann: „Das Geschäft gehörte schon sehr lange der Familie meines Vaters, der allerdings nicht Bittner hieß sondern Meier. Dieser Name klingt sehr deutsch, ist aber auch ein alter jüdischer Name - von deutschen Juden. Als ich geboren wurde, Mitte der 20er, da waren meine Eltern schon einige Jahre verheiratet. Meine Mutter kommt aus einer ungarisch-jüdischen Sippe. Sie hat auch diesen Brieföffner, der so aussieht wie ein Dolch, mit in die Familie eingebracht. Das war bei ihr schon ein altes Familienerbstück. Soviel nur zu dem ungarischen Bezug. Das hatte ich dir ja schon gesagt. Ich hatte noch einen drei Jahre älteren Bruder, der aber im Krieg gefallen ist - auf Seiten der Engländer. Tja und auch das ist ein Stück unserer Familiengeschichte. Meine Eltern waren seinerzeit in Frankfurt gediegene bürgerliche Kaufmannsleute, neben dem Haus mit dem Geschäft, das du kennst, gehörten ihnen noch drei weitere Häuser. In einem war noch eine Schneiderei, die von einem Freund meiner Eltern, den sie aus der Gemeinde kannten, betrieben wurde. Sie waren gläubige Juden, wie das halt so üblich war, also sie achteten den Sabbat, aber da hat sich mein Vater nur etwas zurückgehalten. Das Geschäft war samstags vormittags geöffnet, allerdings tat er samstags fast nichts. Mein Bruder und ich wurden beide entsprechend erzogen. Wir wohnten seinerzeit nicht hier in der Innenstadt, sondern in einem Haus an der Grenze zwischen Nordend und Bornheim. Dort hatten wir einen Garten in dem wir spielen konnten, zogen dann aber 1933, nachdem die Nazis an die Regierung gekommen waren, in die Wohnung um, in der ich jetzt auch lebe. Mein Vater hat wohl die zukünftige Entwicklung in Deutschland vorausgeahnt, wenn auch wohl für sich selbst nicht hinreichend. Er traf wichtige Entscheidungen. So hat er beispielsweise meine Mutter, meinen Bruder und mich bereits 1934 zu Verwandten nach London geschickt. Ich bin dann dort in die Schule gegangen und groß geworden. Im Grunde genommen dreisprachig. In der Familie sprachen wir Deutsch oder Jiddisch und in der Schule sprach ich Englisch. Mein Vater wollte immer nachkommen und er hat dann das gesamte Familienvermögen, soweit er es nicht einigermaßen veräußern konnte, auf Frau Kahl übertragen. Die hast Du ja kennen gelernt. Das ist die ältere Dame, die noch immer im Geschäft steht. Sie ist eine Seele von Mensch. Ich glaube, wenn es sie nicht gäbe, hätte ich nie den Weg zurück nach Deutschland gefunden. Frau Kahl hatte als Lehrmädchen schon bei meinem Großvater angefangen und hatte sich sehr schnell als eine sehr große Stütze für das Geschäft erwiesen. Nicht nur, dass sie sehr fachkundig war, sie verstand auch viel von Buchhaltung und was das Wichtigste war, sie war absolut ehrlich. Wir alle hatten sie ungemein lieb. Sie wohnte damals schon in einem der Häuser, die meinen Eltern gehörten und sie war inzwischen auch die Seele des Geschäfts. Mein Vater tat daher das, was sich anbot, er übertrug ihr alles. Die Häuser und das Geschäft. sie hatte ihm versprochen, wenn der nationalsozialistische Spuk vorüber sei und wir wieder nach Deutschland kämen, würde sie uns alles wieder zurückgeben, wobei mein Vater ihr damals schon gesagt hat, sie werde das auf jeden Fall nicht bereuen. Tja und dann wollte er sich nach England absetzen, aber das war schon zu spät. Er hatte zu lange gezögert. In der Nacht vor seiner Abreise wurde er verhaftet, nach Auschwitz deportiert und dort ist er umgekommen. Das haben wir erst später von anderen Überlebenden des Vernichtungslagers erfahren, nur von seiner Verhaftung hatten wir noch Kenntnis, sonst nichts. Mein Bruder ist dann in die britische Armee eingetreten, um gegen Nazideutschland zu kämpfen und ist dabei ums Leben gekommen. Meine Mutter hat nie wieder deutschen Boden betreten. Allerdings wollte sie einmal an den Ort, an dem irgendwo die Asche ihres Mannes, also meines Vaters verscharrt sein musste, nämlich nach Auschwitz. Sie flog deshalb nach Warschau und ich habe es mir nie verziehen, sie nicht begleitet zu haben. Sie kam gar nicht bis nach Auschwitz, in Warschau bekam sie einen Herzinfarkt, den sie zwar überlebte und auch wieder nach England zurück kam, dort aber nur noch wenige Wochen zu leben hatte. Nun ist auch meine Mutter schon seit etlichen Jahren tot. Ich selbst habe in England ein Studium begonnen und habe Archäologie studiert. An der Universität in Oxford lernte ich dann auch meinen späteren Mann kennen, dessen Namen ich heute noch trage. Er war 12 Jahre älter als ich, aber das hat mich nicht weiter gestört. Ich war gerade mit dem Studium fertig geworden, da begleitete ich ihn zu einer Ausgrabung nach Ägypten. Eine Gruppe von englischen Archäologen setzte dort eine Ausgrabung im Tal der Könige fort, die sie vor der deutschen Invasion und vor dem Ausbruch des Krieges dort angefangen hatten. Ich war damals schwanger, deshalb habe ich mich an der Ausgrabung nicht sonderlich intensiv beteiligen können, aber irgendetwas muss bei dieser Ausgrabung passiert sein, denn von den dort Beteiligten Wissenschaftlern lebt heute keiner mehr. Ja und ich selbst hatte eine Totgeburt, musste operiert werden und kann seit dem keine Kinder mehr bekommen. Ich weiß nicht, ob es stimmt, es ist von dem Fluch der Pharaonen die Rede gewesen.

Wenige Jahre nach Kriegsende kam ich dann nochmal zurück nach Frankfurt und zu Frau Kahl. Die freute sich riesig, sie wusste schon, meine Mutter und ich lebten noch, wir hatten vorher bereits korrespondiert und auch die Rückübertragung des Eigentums war sang und klanglos über die Bühne gegangen. Allerdings wurde ihr das Haus, in dem sie selbst wohnte überlassen. Ich hätte ihr gern noch mehr gegeben, aber sie wollte es einfach nicht. Das Haus, in dem die Schneiderei gewesen war, war kriegszerstört, es war praktisch nichts mehr davon übrig. Wir haben dann das Grundstück verkauft und davon die Renovierung der anderen Gebäude bezahlt. In London wollte ich nach dem Tod meines Mannes dann auch nicht mehr leben und so bin ich wieder auf Dauer nach Frankfurt übergesiedelt. Seit ungefähr 7 Jahren bin ich jetzt meist hier, habe mehr oder weniger versucht, mich zurecht zu finden, aber es ist mir nie so richtig gelungen." Thea schwieg und schaute vor sich. Schließlich wandte sie sich zu Tom: „Und dann kamst Du und alles war anders – und das wusste ich sofort. So, jetzt weißt Du ungefähr wie es um mich steht", meinte Thea. „Ich halte es auch nicht immer hier aus, so richtig heimisch geworden bin ich nicht wieder. Wenn ich daran denke, hier habe ich die Tage meiner Kindheit verbracht, das will nicht zusammen kommen. So bin ich oft in London oder in der Schweiz, wo eine Tante von mir lebt."

Tom hatte die ganze Zeit geschwiegen. Er war betroffen. Nach einiger Zeit meinte er dann: „Tja und da hast Du Dich dann gestern einfach so mit mir eingelassen."

„Ja, ich habe mich einfach mit Dir eingelassen." Sie legte eine Hand auf eine von Tom und schaute ihn an. „Ich habe mich einfach verliebt und dann ging mir natürlich auch mal durch den Kopf: Du bist ja noch so jung, Du kannst ja kein Böser sein. Ja und das war dann gestern. Aber ich sag's Dir lieber gleich, ich habe heute doch ein paar Telefongespräche geführt. Weiß Du, es gibt da eine Menge Leute, die wissen sehr gut Bescheid. Und so einen habe ich angerufen und ich hatte ja Deinen Namen und Deine Adresse. Es war dann auch nicht schwer herauszufinden, wer deine Eltern sind. Der sagte mir nur: das ist alles in Ordnung. Sein Vater war im Widerstand und dessen Schwiegervater ist von den Nazis aus seinem Beruf vertrieben worden. Mit solchen Menschen kannst du dich ruhig einlassen. Es sind zwar keine Juden, aber es sind gute Deutsche. Weißt Du, ohne dass ich das erfahren hätte, hätte ich mich wahrscheinlich gar nicht getraut, Dich hierher mitzunehmen, hierher zu Jaques. Er ist einfach das, was man einen durch und durch guten Menschen nennen muss. Wenn Du irgendwann mal Hilfe brauchst, geh ruhig zu ihm. Der weiß jetzt, Du bist mit mir zusammen gekommen und egal was aus Dir und mir wird, geh ruhig zu Jaques. Er wird Dir helfen."

Tom war sehr betroffen. Thea hielt noch immer seine Hand fest und sagte schließlich: „So, jetzt schau mal nicht so traurig, Du kannst nichts dafür und Du hast mich sehr sehr glücklich gemacht. Es ist schon lange her, dass ich so glücklich war wie gestern, so gerne gelebt habe wie gestern. Ich hätte nicht gedacht, so etwas nochmal zu erleben - so einen Tag, so eine schöne Nacht." Wieder entstand eine Pause, sie sah Tom an und meinte dann kopfschüttelnd: „Nein, nein, Du sollst dir nicht überlegen, was Du für mich tun kannst. Wir werden nicht zusammen leben. Ganz bestimmt nicht. Du hast keinerlei Verpflichtung, Dir darüber Gedanken zu machen. Es war wunderschön und ich möchte noch ein paar schöne Stunden mit Dir haben."

Nun sah Tom sie an und fragte: „Ein paar schöne Stunden? Warum nur ein paar schöne Stunden?"

„Tom, morgen fahre ich nach Genf zu meiner Tante. Ich muss mich in Genf behandeln lassen. Vielleicht ist es ja auch bei mir so etwas wie der Fluch der Pharaonen. Aber bitte lass uns nicht darüber reden. Wenn ich zurück bin, werden wir uns wieder sehen. Ich schick Dir dann einfach ein Kärtchen vom Geschäft, ein ganz offizielles. Dann weißt Du Bescheid. Du siehst es ja dann. Ich unterschreibe es einfach. Und dann können wir uns wieder sehen und das braucht sonst niemand zu wissen. Natürlich nur, wenn Du das willst."

Tom war sich immer noch nicht klar, wie das weiter gehen sollte, es war so unglaublich viel, was er da jetzt gehört hatte und was ihm im Kopf und im Herzen herum ging. Er konnte auch im Augenblick gar nichts sagen und so war es gut, dass gerade das Essen serviert wurde. Thea hatte es für sie beide bestellt und Tom wusste nicht viel damit anzufangen, aber sie erklärte ihm alles, es waren typisch jüdische Speisen und sie schmeckten ihm sehr gut. Allmählich wurde die Stimmung zwischen ihnen beiden auch wieder etwas lockerer, Thea hatte wieder das Lächeln mit diesem äußerst verführerischen Mund und wenn dann noch ein entsprechender Blick aus ihren Augen dazu kam, dann wurde Tom wieder ganz anders. Er schmolz richtig dahin. Einerseits war es ja sehr traurig, dass sie gleich am nächsten Tag auf unbestimmte Zeit verschwinden würde, andererseits hatte sie ihm zugesagt, sich wieder zu melden. Sie würden sich wieder sehen. So ganz nebenbei ging Tom auch der Gedanke durch den Kopf, es müsste dann ja auch keinerlei Probleme mit Ina geben. Na ja, dachte er sich, haste halt eine Affäre. Eine richtige Affäre. So wie im Roman mit entsprechenden Vorzeichen. Ein bisschen geheim aber trotzdem sehr schön. Er ließ es sich nicht verdrießen und als dann auch nochmal Jaques an den Tisch kam und ihn sehr freundlich und liebevoll ansah, fühlte er sich aufgenommen. Nachdem sie fertig gegessen hatten, machten sie sich auf und gingen zurück zu Theas Wohnung.

Dort gingen sie zunächst wieder in das Wohnzimmer und setzten sich dort auf die Couch. Thea holte eine Rotweinflasche und zwei Gläser, die Stimmung war aber trotzdem noch etwas gedrückt, gedämpft und von dem geprägt, was Thea vorher in dem Lokal erzählt hatte. Tom wollte noch mehr von Thea über die Vergangenheit wissen und über die Geschichte ihrer Familie, sie aber legte ihm den Zeigefinger auf die Lippen: „Davon von mir aus später, aber nicht heute. Ich bin so glücklich, wenn Du bei mir bist und ich Dich in den

Arm nehmen kann. Bitte versteh, da will ich wirklich nicht an Trauriges denken oder an auch nur ernste Sachen. Ich habe schon viel Schweres in meinem Leben gehabt und deswegen ist es nur Fug und Recht, es mir jetzt gut geh zu lassen - jetzt wo Du da bist.“ Sie herzten und küssten sich und sie streichelten sich und allmählich kamen sie auch wieder richtig in Stimmung, allerdings, es war schon ruhiger und ein bisschen schwerer als noch am Tag davor, man könnte aber auch sagen, ihre Beziehung war reifer geworden. War es noch am Vortag eher das Spielen zweier verliebter Kinder gewesen, wurde es jetzt doch mehr zum gegenseitigen Lustmachen zweier erwachsener Leute. Tom fiel auf, er fasste Thea in bestimmte Weise ernsthafter an, streichelte sie langsamer. Als er sich schließlich daran machte, ihr das Kleid auszuziehen, führte sie ihn zu ihrem Bett, dort feierten sie eine grandiose Liebesnacht. Sie taten was ihnen zusammen und was dem Einzelnen Lust machte und nachdem sie sich dann schließlich tief und innig vereinigt hatten, schliefen sie miteinander ein.

Es war schon gegen Morgen, als sie aufwachten und Thea meinte: „Du musst jetzt gehen.“ Tom zog sich an und Thea zog sich einen Morgenrock über und sie brachte ihn an die Tür, sie umarmten und küssten sich immer wieder und es war sehr schwer, sich zu trennen - für alle beide. Schließlich war es dann aber soweit und Thea tröstete ihn noch: „Wart ruhig ab, du hörst von mir.“ Tom ging schließlich und es war ihm schwer zumute. Schwer wegen des Abschieds, aber er war auch sehr glücklich wegen der wunderschönen Stunden.

Es dauerte Tage, bis er so richtig begriff, Thea war nicht da und es war sinnlos, am Haus vorbei zu gehen. Außerdem stand Inas Rückkehr bevor und der Faschingsball mit den ausgefallenen Larven.

Tom präsentierte Ina dann die in Frage kommenden weißen BHs. Ina entschied sich schließlich dafür, beide behalten zu wollen. Das Auftreten bei dem Fest als derart getarntes Paar, war ein voller Erfolg, denn wen sie auch anschauten, der konnte nicht feststellen, ob er gerade im Blickfeld war. Umso ungenierter schauten die Leute zu ihnen hin. Einmal sagte eine Frau sogar zu ihrem Begleiter: „Du, das sind BHs! Und zwar ganz schön teure."

Ihr Begleiter stierte etwas ungläubig und meinte dann aber nur: „Da sind aber nur Augen dahinter."

Sie: „Na ja, woran du schon wieder denkst. Aber hübsch sind diese BHs."

Die Wochen und Monate vergingen, immer wieder ging Tom an dem Haus mit dem Wäschegeschäft vorbei. Er ertappte sich dabei, es auch abends zu tun, wenn es dunkel war, um zu sehen, ob vielleicht im zweiten Stockwerk Licht brannte, aber es war nie der Fall. Er hatte auch den Laden nicht mehr betreten, nachdem er die zwei Büstenhalter bezahlt hatte und wusste daher gar nichts. Manchmal machte er sich Sorgen um Theas Gesundheit, dann wieder kam bei ihm die Befürchtung auf, sie hätte ihn vielleicht längst, wenn auch nicht vergessen, so doch abgehakt. Bis eines Tages eine Karte von dem Wäschegeschäft bei ihm eintraf. „Sehr geehrter Kunde, sie haben … und so weiter und so weiter … wir würden uns freuen, sie bald wieder zu sehen." Und ein freudiger Schauer durchlief Tom, allerdings stellte er fest, das Schreiben trug nicht Theas Unterschrift, sondern war von Frau Kahl unterschrieben. Er war nun schon seit einigen Wochen nicht mehr in der Straße gewesen, die nach einem großen deutschen Dichter benannt war. Ja, er hatte es vielleicht sogar bewusst vermieden, dorthin zu gehen. So waren ihm auch die Veränderungen entgangen, die es dort mittlerweile gab. Das dicht nebenan gelegene Geschäft, das nur mit Herrenhüten gehandelt hatte, war geschlossen und auch an dem Wäschegeschäft waren relativ kleine aber dennoch sichtbare Schilder angebracht mit „Räumungsverkauf". Zunächst ging er an die Haustür und läutete im zweiten Stock an der Klingel, an der Bittner stand. Es öffnete aber niemand. Nach kurzem Zögern betrat er nun den Laden, in dem gerade eine ältere Kundin war und Frau Kahl. Diese lächelte ihn freundlich an: „Schön, dass Sie kommen. Es dauert noch einen Moment." Als die Kundin gegangen war, ging sie an die Tür, drehte ein Schild herum auf dem stand „Vorübergehend geschlossen" und schloss die Ladentür von innen ab. Dann ging sie zusammen mit Tom nach hinten durch die Tür in den dortigen Büroraum. Frau Kahl war Tom voraus gegangen und hatte es vermieden ihn anzuschauen oder irgendetwas zu sagen. Als sie da waren, setzten sie sich beide in kleine Sessel. Frau Kahl sah Tom eine Weile an und sprach dann langsam: „Schön, dass Sie gekommen sind. Was ich Ihnen jetzt sagen muss, fällt mir nicht leicht. Frau Bittner lebt nicht mehr. Vor etwa 3 Wochen ist sie gestorben. Sie hatte Krebs. Ich denke, Sie wussten das. Sie wussten es nicht?" Tom war fassungslos. Er kämpfte mit den Tränen und Frau Kahl griff in die Tasche ihrer Jacke und zog ein kleines weißes Taschentuch hervor, das gab sie Tom und sagte: „Weinen Sie ruhig. Sie hat es verdient. Sie hat gekämpft bis zuletzt und sie hat an Sie gedacht. Vor ein paar Wochen, als schon feststand, sie würde es nicht überleben, war ich mal da und habe noch einiges mit ihr besprochen. Es ist vielleicht sehr gut, dass sie nicht mehr hier her kommen konnte, denn dieses Haus hier wird bald abgerissen. Die Nachbarhäuser auch. Es soll ein großes modernes Geschäftshaus entstehen. Auch wir werden schließen, in etwa 4 Wochen. Das übrige Haus ist praktisch leer. Das Angebot, das Geschäft zu verlegen habe ich abgelehnt, ich habe noch 2 Jahre, dann gehe ich sowieso in Rente und für die Zeit lohnt es sich nicht. Frau Bittner hat mich gebeten, noch etwas für Sie einzupacken und es Ihnen zu geben. Das habe ich getan." Damit drehte sie sich um, zog eine Schublade auf und entnahm ihr ein kleines Päckchen, das sie Tom übergab. Es war relativ schwer und er wusste nicht, was darin war und er war auch nicht in der Lage, es zu öffnen. Er war wie betäubt. Ja, er hatte gewusst, dass sie krank war, aber mit ihrem Tod hatte er nicht gerechnet. Er war zu keinem Gespräch mehr fähig. Frau Kahl sagte noch: „Sie ist hier in Frankfurt auf dem jüdischen Friedhof begraben. Wenn Sie wollen, können Sie ja mal vorbei gehen."

Tom bedankte sich artig. Er war noch immer wie im Traum, wie in Trance. Sie standen auf und beide wussten, es gab nichts mehr zu sagen. Sie gingen nach vorn, Tom verabschiedete sich und verließ den Laden. Die ganze Zeit hielt er das Päckchen in der Hand und erst, als er sich der Wohnung seiner Familie näherte, steckte er es in die Tasche seines Mantels. Als er allein in seinem Zimmer war, packte er es aus. In einer Schachtel, wie sie üblicher Weise für Taschentücher verwendet wurde, war der silberne Brieföffner. Welcher schon Theas Mutter gehört hatte und den Tom so bewundert hatte. Dabei war ein kleines Kuvert mit einer Karte auf der wenige Zeilen von Thea standen „Lieber Tom, mein Geliebter, wenn Du diesen Brief erhältst, werde ich nicht mehr da sein. Es ist dann sicher sehr traurig für Dich, aber sei nicht traurig, denk an das Schöne, was wir miteinander hatten. Wenn ich jetzt gehe, dann weiß ich, mit Dir durfte ich noch einmal glücklich sein. Das ist schön. Damit du immer etwas hast, das Dich an mich erinnert, nimm den Brieföffner. Ich wüsste nicht, wer ihn sonst haben sollte, außer Dir. Leb wohl, Deine Thea".

Lange saß Tom da und konnte keinen klaren Gedanken fassen. Dann steckte er den Brieföffner in seine Hosentasche, verabschiedete sich von seiner Familie, er habe noch etwas zu tun und ging hinaus. Er lief ungefähr 2 Stunden durch die Straßen, es war eigentlich egal, durch welche. Erst nach dieser Zeit war er überhaupt wieder in der Lage mit jemandem zu reden. Als er nach Hause kam, legte er den Brieföffner auf seinen Schreibtisch und dort lag er. Immer wenn er umzog, nahm er ihn mit.

Erst nach einigen Monaten ging er mal wieder durch die Straße, in der das Geschäft gelegen hatte. Theas Haus war verschwunden, auch die Nachbarhäuser existierten nicht mehr. Er sah nur noch ein Gerüst und einen Bauzaun. Den Weg zu Theas Grab fand er nie. Aber immer wieder, wenn er den Brieföffner sieht, muss er an Thea denken. An die schönen Stunden und an die Nähe von Glück und Schmerz. Den Brieföffner hat er bis heute.

Leihgabe

Tom hatte seinerzeit eine Freundin namens Ina und die wiederum hatte eine Freundin namens Martina. Martina war etwas kleiner als Ina, so vielleicht 1 Meter 63, sie war relativ üppig, allerdings hatte sie eine schmale Taille. Insgesamt sah sie ganz gut aus, wirkte nur ein kleinbisschen naiv. Sie pflegte dieses Image auch durchaus. Als Tom sie kennen lernte, hatte sie einen Freund, der einen stark landwirtschaftlich orientierten Eindruck machte, sodass Tom meinte, wenn die zwei ins Theater gingen, würde er gewiss mit einem frisch geputzten Traktor vorfahren. Eines Tages eröffneten ihm die beiden jungen Damen, Martinas Cousine würde heiraten und zwar irgendwo an der Bergstraße. Martina und ihre Cousine waren lange Zeit zusammen aufgewachsen, denn sie waren die jeweiligen Töchter von zwei Brüdern, die nach dem zweiten Weltkrieg im Baugeschäft groß geworden waren. Ursprünglich waren beide Maurer oder Polier, aber sie hatten Baufirmen aufgemacht und damit sehr viel Geld verdient. Die beiden Cousinen waren fast gleich alt und als sie 12 oder 13 waren, mussten sie sich trennen, denn Martinas Vater verlegte sein Geschäft und betrieb es von da an auch sehr erfolgreich alleine weiter. Unter rein ökonomischen Gesichtspunkten machte derjenige, der Martina eines Tages heiraten sollte, gewiss keine schlechte Partie. Nun hatte sich Martina gerade erst vor kurzem von ihrem Freund getrennt, oder dieser von ihr, das spielte für Tom keine Rolle, denn furchtbar ernst nahm er Martina ohnehin nicht. Er sah zwar, sie war ein durchaus attraktives Exemplar der Gattung Frau, die auch auf ihn sehr reizvoll wirkte, aber einen Streit mit seiner Freundin hätte er wegen ihr nicht riskiert.

Martina und ihre Cousine waren zwar zusammen aufgewachsen, wurden aber schon durch ihre Familien immer ein wenig miteinander verglichen, sie betrachteten sich offenbar auch selbst als Konkurrentinnen, denn Martina war es sehr peinlich, ausgerechnet jetzt zur Hochzeit ihrer Cousine ohne

Partner anzurücken. Die heiratete und sie hatte nicht mal einen Freund. Sie hatte auch ihrer Cousine gegenüber nichts von der Trennung erwähnt, die Einladung galt für sie und ihren Freund – wer auch immer das war. Martina hatte nun mit Ina ausgekungelt, diese sollte ihr Tom leihweise als Vorführpartner zur Verfügung stellen.

Diesen Vorschlag bekam Tom nun unterbreitet. Er fand ihn zunächst ein wenig empörend, weil man so über ihn verfügte, denn die zwei Frauen waren sich scheinbar völlig einig geworden, ohne ihn auch nur andeutungsweise zu fragen. Anderseits fand er den Gedanken auch ganz reizvoll, denn Schauspielern war etwas, was er ohnehin gerne tat und bei der Gelegenheit konnte er selbstverständlich auch Martina näher kommen. Er musste es ja sogar, nicht unbedingt bis in die letzten Einzelheiten der Intimität. aber immerhin waren Küsschen und dergleichen angebracht, das musste schon sein, denn sonst wäre es ja aufgefallen. Mit einem derartigen Ausmaß von Vertraulichkeiten schien auch Ina einverstanden zu sein, zumindest intervenierte sie nicht, als Tom das Gespräch darauf brachte. „Ach, ihr werdet das Kind schon schaukeln.“ war ihr Kommentar.

Also machten sie sich auf. Sie fuhren an einem Freitag in Martinas Auto an die Bergstraße zu einem Schlosshotel, denn die Hochzeit sollte dort in großem Rahmen durchgeführt werden, mit Polterabend am Tag vorher und am nächsten Vormittag mit Standesamt und Kirche. Dann kämen ein Empfang für die etwas weniger wichtigen Gäste und nach einer Pause am Nachmittag Kaffee und Kuchen, sowie schließlich die große Feier am Abend, die wohl bis in den nächsten Morgen hinein dauern sollte.

Martina und Tom kamen mit reichlich Gepäck dort an, denn schließlich mussten sie sich ja in Schale werfen und waren zwei Tage lang dort. Zu Toms Überraschung bekamen sie im Hotel aber nicht zwei Einzelzimmer, sondern ein großes Doppelzimmer. Das war Martina ein wenig peinlich, denn das hatte sie wahrscheinlich nicht mit Ina verabredet.

Sie hatte offenbar gegenüber der Familie der Cousine den Eindruck erweckt, es sei überhaupt kein Problem, mit ihrem Freund das Zimmer zu teilen. Martina bot auch gleich an, sie würde auf der in dem Zimmer vorhandenen großen Couch übernachten. Sie wurde sogar ein bisschen rot und war etwas verlegen, aber Tom nahm das nicht weiter krumm. Er nahm sie erst mal in den Arm und sagte: „So und jetzt lass uns mal ein bisschen Vertrautheit üben.“ Das Ganze wurde nun zu einem pikanten Spiel. Martinas Nähe war Tom durchaus nicht unangenehm und offenbar fühlte sie sich auch im Kontakt mit ihm sehr wohl. Sie waren alleine in dem großen Zimmer und übten richtig, wie von Anfang an. Es begann mit vorsichtigem Händchen halten und ein bisschen näher kommen, dazwischen lachten sie immer wieder. Es wurde richtig herzig. Es war noch früh am Nachmittag und sie übten einen auf Pärchen zu machen, nur als dann schließlich das Küsschen geben in eine richtige Knutscherei überging, da dachte sich Tom, es sei doch ganz gut gewesen, sich reichlich mit Verhüterli eingedeckt zu haben, denn diesbezüglich war er sehr vorsichtig – und vorausschauend.

Martina schien das übrigens ähnlich zu empfinden, denn irgendwann sagte sie mit einem scheinbar sehr verlegenen Augenaufschlag: „Du, ich habe ja Ina versprochen nicht mit Dir zu schlafen, aber ich sehe große Schwierigkeiten, dieses Versprechen zu halten, wenn wir im gleichen Bett übernachten sollten.“

Für Tom war die Entscheidung schon gefallen. Nicht zuletzt, weil er sich dachte, meine Idee war das ja nicht, das haben die zwei Frauen miteinander ausgekocht und warum soll ich den Mund unbedingt zu machen, wenn mir hier die gebratenen Hähnchen direkt hinein fliegen. Tom sah Martina daher mit einem scheinbar treuherzigem Blick ein wenig von unten an und sagte: „Du, dann sollten wir das vielleicht ein bisschen miteinander üben, wie das geht, so die Grenzen des Widerstands austesten.“ Er zog sie hinüber auf das große Doppelbett und dabei zogen sie sich beide gleich die Schuhe aus. Sie legten sich zusammen auf das Bett und begannen das Spiel mit dem Einüben von Zärtlichkeiten und Nähe von neuem. Beiden war klar, worauf das hinaus laufen würde, aber sie taten immer noch ein bisschen so, als sei das Ganze nur ein Spiel. So sagte Tom zwischendurch einfach mal: „Ja ja, Übung macht den Meister".

Martina erwiderte nur noch: „Von wegen, du musst nix mehr üben, ne, wirklich nicht." Irgendwann machte ihr Tom dann mit gespielter Unschuldsmine den obersten Knopf ihrer Bluse auf. Sie zog ihn an sich und küsste ihn und sagte dann: „Du, wenn du da weiter machst, ich weiß nicht, ob ich dir da noch widerstehen kann."

„Vielleicht willst du ja gar nicht widerstehen" und machte den nächsten Knopf auf. Beide wussten nun, was gespielt wird und sie wollten das auch. Sie wollten zwar, es sollte ein Spiel sein und sie empfanden es zunächst auch so, aber offenbar spürten sie, es konnte kein Spiel bleiben und machten einfach weiter.

Als Martina schließlich nur noch ihren Slip anhatte, bremste sie ihn: „Du, ich glaube, ich schließe jetzt besser mal die Tür von innen ab". Als sie zurückkam, lag Tom ausgezogen unter der Bettdecke und hatte ein kleines Päckchen neben das Kopfkissen gelegt, sodass man es ein bisschen sehen konnte. Martina hielt den einen Arm vor ihren Busen, der ja nackt war, sah aber auch, Toms Kleider außerhalb des Bettes liegen und ihn unter der Decke. Sie zögerte einen Moment und blieb vor dem Bett stehen, dann zog sie sich fluchs ihren Slip aus und kam dicht zu ihm. Sie schmusten nun unter der Bettdecke weiter und Martina erforschte nun auch die Gegenden bei Tom, die sie sich vorher verkniffen hatte. Dabei fiel ihr Blick auf das kleine Päckchen neben dem Kopfkissen und sie lachte: „Du hast aber auch an alles gedacht."

Tom meinte nur: „Die hab ich eigentlich immer bei mir, das geht auf eine Ermahnung meiner Mutter zurück."

Martina staunte: „Deiner Mutter?"

„Ja, richtig aufgeklärt worden bin ich zwar nie, aber in Beziehung auf Intimkontakt hat sie mir, als ich 17 war, deutlich gemacht: ‚Wenn, dann nur mit. Du weißt schon was ich meine'. Weißt du, Mütter von Söhnen haben immer Angst, ihre edlen Geschöpfe würden von irgendeinem bösen Weib geleimt. Sie würden in die Büsche gezerrt und verführt. Wenn dann ein Kind unterwegs sei, dann müssen diese armen Geschöpfe, diese edlen Jünglinge, die bösen Weiber heiraten, Mütter haben vor so etwas halt Angst. Sie hat mir seinerzeit auch weitere Ratschläge erteilt. Gute Ratschläge, wichtige Ratschläge. Ich sollte diese Dinger nie aus einem Automaten ziehen, die wären in der Regel zu alt, außerdem würden sie nichts taugen. Ich sollte viel eher in eine Apotheke gehen und dort welche kaufen und zwar nicht die Billigsten. Und dann kam noch der Tipp, am besten in die Bahnhofsapotheke zu gehen, dort seien die besonders frisch, denn die Prostituierten würden sich dort eindecken'."

Martina musste schrecklich lachen. So etwas hatte sie noch nie gehört. Eine Mutter die ihren Sohn derart aufklärte. Den Rest erzählte Tom allerdings nicht, denn das Ganze hatte noch eine Fortsetzung gehabt, seine Mutter hatte ihm nicht nur gesagt, er sollte sie benutzen, sondern auch wie. Insbesondere hatte sie ihm eingeschärft, er solle sie ja nicht nachher ins Klo werfen oder in den Müll, sondern später auf Dichtigkeit überprüfen, denn nur dann könne er sich getrost auf eine Vaterschaftsklage einlassen. Die Pille war noch ganz in den Anfängen und er sollte lieber nicht davon ausgehen, eine Frau würde die Pille nehmen, selbst wenn sie ihm das sagte, denn auch derartige Lügen gehörten zum Handwerkszeug einer potentiellen Leimerin.

Martina war immer noch ganz weg von dieser wirklich drastischen und deutlichen Art der Aufklärung. Nichtsdestotrotz hatte sie nicht mehr vor, sich in irgendeiner Weise zu zieren oder zurückzuhalten. Es war einfach klar, sie wollte.

Sie wollte richtig mit Tom schlafen und das nach allen Regeln der Kunst und die beherrschte sie ganz gut.

Das war das nächste, was Tom bemerkte. Martina war längst nicht so naiv wie sie sonst immer tat. Mindestens in Bezug auf das, was Männer und Frauen miteinander tun können und was dann Spaß macht, da war sie mit allen Wassern gewaschen.

Später erzählte sie Tom, sie hätte schon mit fast 15 angefangen, mit Männern das – wie Shakespeare es nannte - „Tier mit den zwei Rücken“ zu spielen. Als Tochter aus neureichem Hause hatte sie einen Klavierlehrer und sie bekam selbstverständlich Klavierstunden, ob sie nun musikalisch war oder nicht, ob sie wollte oder nicht, war egal, sie kriegte Klavierstunden und da das mit dem betätigen der Finger auf den Tasten auch nicht so das war, was der Klavierlehrer wollte, landeten sie bald darauf zusammen im Bett. Der Klavierlehrer war zwar Anfang 40, von seiner Ehefrau aber reichlich vernachlässigt und tat sich an Martina gütlich, wobei er ihr sehr viel beibrachte, das hatte sie sich gemerkt und das erwähnte sie auch sehr positiv. Offenbar war sie ihm in keiner Weise böse, da er ihr von vorne herein klar machte, es sei ein reines Verhältnis zum Erlernen und Praktizieren von Sex.

Tom und Martina schliefen also miteinander und sie taten es ohne viele Gewissensbisse und sie nahmen sich reichlich voneinander, sie taten sich gütlich aneinander und es tat ihnen wirklich gut. Auch nachher gab es kein Zieren oder das Formen eines mehr oder weniger schlechten Gewissens. Noch ein bisschen Gefummel und dann standen sie auf und zogen sich an, denn schließlich sollte es ja noch Abendessen geben und anschließend einen Polterabend. Sie hatten sogar ein paar alte Teller mitgebracht, die zerdeppert werden sollten.

Martina und Tom hatten jetzt auch keine großen Schwierigkeiten mehr gegenüber den anderen so zu tun, als seien sie ein sich mögendes, liebendes Paar. So die kleinen Vertrautheiten, die klappten recht gut und sie hatten auch keine Hemmungen, sich zwischendurch mal ein Küsschen zu geben, sodass jeder meinen konnte, sie seien schon lange miteinander zusammen. Ihre Cousine/Konkurrentin, also die Braut, gratulierte Martina auch dezent zu ihrem Freund und brachte zum Ausdruck, sie rechne ja dann damit, auch bald zu einer Hochzeit eingeladen zu werden. Martina meinte darüber nachher zu Tom nur, sie würde sich sehr überlegen, egal wen sie heiraten würde, ob sie wirklich eine derartige Veranstaltung machen würde. Ihr sei jetzt erst so richtig klar geworden, das Ganze sei nur eine Show, die beiden Brautleute würden sich nicht sonderlich mögen. Nichtsdestotrotz war es ein riesen Fest und es gab reichlich zu essen und zu trinken, der engere Kreis von ca. 35 – 40 Personen, zu denen auch Martina und Tom zählten, versammelte sich in dem Hotelrestaurant zum Abendessen, so gegen 20:30 Uhr wurden dann weitere Gäste für den Rest des Abends, den Polterabend, erwartet.

Nachdem auch der Großteil der neuen Gäste eingetroffen war, ging man hinaus auf den Hof, um zu poltern, sprich: Geschirr zu zerwerfen. Der Bräutigam hatte dann die mehr oder weniger peinliche Aufgabe, die Scherben wieder zusammenzukehren, wobei einige Gäste immer dann, wenn er gerade alles zusammen hatte, doch noch irgendetwas fanden, was sie kaputt warfen. Das fanden alle besonders witzig und lustig, es wurde viel gelacht und noch viel mehr getrunken. Zwei muskulöse Typen aus der Firma des Brautvaters verhielten sich bauarbeitergerecht, sie schleppten eine Kloschüssel an und wollten mit der poltern, indem sie sie zertrümmerten. Das gelang nicht so richtig, die bekam zwar zunächst einen Sprung, aber sie ging nicht in Scherben, so mussten sie sie nochmal aufnehmen und nochmal hinwerfen und dabei ist sie schließlich kaputt gegangen, wenn auch in großen Stücken, aber immerhin konnte Tom so zur Belustigung seiner unmittelbaren Umgebung feststellen, es hatte sich ganz offenkundig um eine neue, bislang unbenutzte, Kloschüssel gehandelt. Die Tatsache, dass ausgerechnet hier mit einem passenden Porzellan gepoltert wurde, rief natürlich große Begeisterung und allgemeines Gelächter hervor. Den beiden Trägern wurde gratuliert und der Bräutigam hatte Mühe, die großen Scherben wegzubringen, aber schließlich schaffte er es. Er war deutlich älter als die junge Braut und machte insgesamt keinen sonderlich flotten Eindruck, er war ein bisschen klein, ein bisschen dick, aber immerhin, sie mochte ihn hinreichend und sie heirateten jetzt.

Dann ging man hinein und das Fest konnte beginnen, Nun wurde richtig gefeiert, mit Tanzen und Trinken, besonders die Jungessellenfreunde des Bräutigams versuchten diesen ein wenig betrunken zu machen. Tom tanzte mit Martina und andere Männer tanzten mit Martina und Tom tanzte mit anderen Frauen. Tom tanzte auch mit der Braut, die sehr neugierig war und ihn nach allen Regeln der Kunst auszufragen versuchte, wie lange sie sich kennen würden und woher und was sie so vor hätten und alles Mögliche mehr, aber da bekam sie nichts Besonderes heraus, denn das waren die Dinge die Martina und Tom vorher abgesprochen hatten. So behielt alles den Schein, sie seien ein Paar und keiner kam auf die Idee, dies sei nur sehr vorübergehend gemeint.

Mit der Zeit wurde das Fest als Polterabend ein bisschen fade, der Bräutigam war wohl tatsächlich angetrunken und dann gab es da auch noch einen Jüngling, der sich schon früher Hoffnungen auf die Braut gemacht hatte, der wurde ein wenig ausfallend und schließlich hinausgeworfen. Tom und Martina kamen daher überein, sich zurückzuziehen, zumal sie sich auch sehr schnell erklärten, noch etwas anderes miteinander tun zu können - und dabei würden die anderen nur stören. Sie gingen also als deutlich erkennbares Paar eng umschlungen auf ihr gemeinsames Zimmer. Vorher hatten sich vielsagend von anderen, auch von der Braut und dem Bräutigam, verabschiedet und ihr Kommen für den nächsten Tag beim Standesamt zugesagt.

Sie taten nun das, was so ziemlich alle von ihnen erwarteten – Ina selbstverständlich nicht – sie gingen miteinander ins Bett. Da taten sie das, was ihnen nachmittags schon so richtig Freude gemacht hatte und setzten das nahtlos fort. Es machte auch weiterhin großen Spaß und sie konnten das auch sehr gut miteinander, sodass keiner von beiden dem anderen Vorhaltungen machen könnte oder sich gar hätte zieren müssen. Schließlich schliefen sie müde und ein bisschen erschöpft miteinander ein, der Lärmpegel des Festes hielt sich in Grenzen und störte sie nicht weiter. Sie schliefen den Schlaf des vielleicht nicht ganz Gerechten, aber dennoch erholsam bis zum nächsten Morgen. Da klingelte dann das Telefon um 08:00 Uhr. Tom verständigte sich mit Martina, die sollte drangehen und siehe da, es war Ina, die hatte es wohl doch nicht ganz ausgehalten und wollte jetzt mal anrufen. Martina tat noch sehr verschlafen, was sie ja wohl auch war, sagte, es wäre eigentlich unmöglich, so früh zu stören und nein, sie wisse nicht, was Tom täte, der wäre in einem ganz anderen Zimmer, sie hätte jetzt auch überhaupt keine Lust dahin zu gehen, soweit sie wisse habe der auch kein Telefon. Sie würde es ihm aber ausrichten. Ina war wohl zufrieden und lies sich vertrösteten, da sie sich am ja Sonntagnachmittag ohnehin wieder sehen würden.

„Blöde Kuh“, schimpfte Martina. Sie schlang ihre Arme um Tom, küsste ihn und ging dann ins Badezimmer. Dort standen sie schließlich gemeinsam vor dem Spiegel und putzten ihre Zähne, Martina trug ein kurzes Shorty mit einem weiten Oberteil, das aber ihre dortigen Qualitäten erkennen ließ und Tom trug nur die Hose eines Schlafanzuges. Beide standen da und lachten einander an, so als würden sie das schon seit Jahren tun, so als wären sie ein altes Paar. Ein kurzes Lächeln und sie gingen zurück, Martina platzierte sich verführerisch auf dem Bett, nahm ihn in den Arm und sie küssten sich ausgiebig, dann ließ sie sich durch Streicheln verwöhnen und liebkoste ihn. Schließlich taten sie wieder das miteinander, was Mann und Frau halt so tun können, wenn sie besonders viel Spaß miteinander haben wollen. Sie konnten es gut, es war einfach herrlich.

Nachdem sie sich ein wenig ausgeruht hatten meinte sie etwas gequält: „Eigentlich habe ich überhaupt keine Lust auf das weitere Brimborium, so Standesamt und Kirche, na ja, heute Abend gibt es dann die richtige Hochzeitsfeier, mal gucken und nachmittags soll es noch Kaffee und Kuchen geben, hier wird ja reichlich aufgetragen, ich glaube ich muss nachher eine Woche lang unbedingt fasten. Aber hast Du gesehen, die Braut ist ein ganzes Stück dicker als ich, ne? Gelle, mit der würdest Du so was nicht machen?"

„Nein" meinte er „ganz sicher nicht. Die ist nicht nur ein bisschen dicker, die erscheint auch ziemlich schlicht und das ist auch nicht ganz unwichtig."

Nach einer Weile des Schweigens und des Streichelns meinte sie dann: „Du, wir können das eigentlich verdammt gut miteinander?"

„Na ja, es verbietet uns ja keiner, sich das zu merken?"

„Mhhmm", meinte sie gedehnt mit einem Blick zur Seite „und wie soll ich das dann aushalten?"

„Ja nun, das war ja schließlich nicht meine Idee."

„Na ja, wenn ich geahnt hätte, wie das ausgeht, hätte ich mir es ja vielleicht noch einmal überlegt."

„Bist du da ganz sicher?" meinte Tom.

„Ach nee, reden wir von was anderem, außerdem müssen wir jetzt aufstehen."

Also gingen sie miteinander duschen. Das taten sie wirklich zusammen und es dauerte ziemlich lange und jeder hatte das Bestreben, den anderen ein bisschen zu waschen und einzuseifen. Es fühlte sich alles ganz gut an und fast wären sie wieder miteinander ins Bett gegangen, aber Martina druckste ein wenig: „Das geht jetzt wirklich nicht mehr und außerdem, ich glaube, ich brauche ein bisschen Pause.“

Aber Tom hatte sie in der Zwischenzeit wieder aufs Bett bugsiert und, streichelte sie in einer ganz spezifischen Weise, was ihr sehr gut gefiel und sie dann irgendwann die Augen richtig aufschlug und fragte: „Du, das kann ich mir doch gefallen lassen, oder?“

„Selbstverständlich, das ist überhaupt keine Frage.“

Sie ließ es geschehen und ließ sich von außen und innen streicheln und war ganz hin und weg und fand das auch wiederum sehr gut: „Meine Güte, was du alles kannst.“

Tom schüttelte abwehrend den Kopf, aber sie meinte: „Du, das kann längst nicht jeder, wirklich nicht, mindestens nicht so gut. Die meisten sind da viel zu grob und außerdem Du weißt immerhin, dass es um die Ecke geht.“

„Na ja, ich habe halt bei meinen Eltern genügend Anatomielehrbücher vorgefunden und außerdem …“ aber da kam er nicht sehr weit, denn sie wiedersprach:

„Ich glaube dir alles Mögliche, aber das glaube ich dir nicht. Das weißt du nicht aus Büchern. Ganz bestimmt nicht.“ Da wurde Martina wieder etwas starr, setzte sich plötzlich auf, schaute Tom an und dozierte richtiggehend: „Ich werde gewiss Ina nicht danach fragen.“

Nun fühlte sich Tom doch etwas getroffen: „Musstest du sie jetzt unbedingt zwischen uns schieben?“

Sie sprachen nun nichts mehr miteinander, bis sie hinunter gingen zum Frühstück. Da löste sich das dann wieder, zumal sie vor den anderen ein bisschen mehr auf Turteltäubchen machten und sie ihren Spaß daran hatten, es miteinander zu tun, noch dazu weil es die anderen Gäste für völlig normal hielten. Sie sonnten sich in deren teilweise etwas neidischen Blicken. Vielleicht hatten die auch das eine oder andere gehört, denn Martina war nicht immer so ganz leise, noch dazu hatte das Bett gequietscht, aber das hatte sie nicht weiter gestört, denn schließlich waren sie dort ja als Paar eingeladen worden und wurden auch für ein solches gehalten.

Gegen 11:00 Uhr trat man den Weg zum Standesamt an. Tom und Martina fuhren bei einem anderen Paar im Auto mit, da sie sich in dem Ort nicht auskannten, denn dort im Rathaus sollte die Trauung stattfinden. Offenbar war der Brautvater ein wichtiger Mann im Ort, denn seine Tochter durfte sogar an einem Samstag heiraten. Der Bürgermeister selbst fungierte als Standesbeamter. In den Rathaussaal passten aber ohnehin nicht alle Leute, sodass Martina und Tom auf der Straße stehen blieben und dort auf das Brautpaar warteten, als die dann schließlich erschienen wurde geklatscht und es wurden alle möglichen Sachen geworfen, es war ein richtiges Ritual. Anschließend fuhr man zu einer großen katholischen Kirche, denn dort sollte dann die eigentlich echte Trauung stattfinden. In den vorderen Reihen waren Plätze für die geladenen Gäste reserviert. Es wurde eine richtig schöne Hochzeit mit einer tollen Ansprache. Manchmal konnte sich Tom das Grinsen kaum verkneifen, denn die Sprüche, die der Pfarrer abließ, die zeigten sehr stark, dass er ein Zölibatär war und von der Ehe und deren Realität ziemlich wenig Ahnung hatte. Mindestens machte er sprachlich den Versuch, den Traum von Dauerhaftigkeit zu wecken: „Bis dass der Tod euch scheide!“ Der Gedanke löste bei Tom sofort die makabrere Assoziation aus, wer wohl von den beiden wen als Ersten umbringen würde? Er konnte sich nicht verkneifen etwas Derartiges Martina ins Ohr zu flüstern, die sich daraufhin vor Lachen kaum noch halten konnte. Das wurde von anderen aber als Schluchzen angesehen und sie wurde ein bisschen getröstet. Man wünschte ihr einen alsbaldigen eigenen Gang zum Traualtar.

Nach vollzogener Zeremonie ging das Brautpaar nach draußen auf den Kirchplatz, es wurde nochmals geklatscht, dann bestieg man wieder die Autos und fuhr zu dem Schlosshotel, in dem dann etwa eine halbe Stunde später das Mittagessen serviert wurde.

Mittlerweile waren auch diejenigen der geladenen Gäste, die am Abend vorher sehr viel zu sich genommen hatten und sich morgens die gesamten Trauungszeremonien, sei es im Rathaus, sei es in der Kirche, erspart hatten, soweit wieder hergestellt, dass sie wenigstens am gemeinsamen Mittagsmahl teilnehmen konnten. Nach den ersten Schlucken Alkohol waren sie dann auch meist wieder fit. Der alte Säuferspruch, man solle mit dem weiter machen, mit dem man am Abend aufgehört habe, machte die Runde. Tom hob daraufhin sein Glas mit Mineralwasser und prostete einem mit glasigem Blick dreinschauenden Bierschlucker zu, der das überhaupt nicht komisch fand.

Jetzt wurden die Hochzeitsgeschenke präsentiert, betrachtet und gewürdigt. In einem eigens dafür hergerichteten Raum lagerten sie auf einem langen Tisch. Tom hatte sich darum nicht gekümmert, das hatte Martina von sich aus erledigt, sie hatte sich auch mit irgendwelchen früheren Freundinnen zusammengetan, die wiederum der Braut ein Hutschen Reuter Porzellan schenkten, das war gutaussehend, aber keiner wusste so recht, was ausgerechnet diese Braut damit machen sollte. Offenbar ging der Wunsch nach diesem edlen Stück auf sie selbst zurück. Wer Lust hatte, konnte nun im Schlosspark lustwandeln oder sich bis zum Nachmittagskaffee auf das Zimmer zurückziehen um sich frisch zu machen oder sonst etwas zu treiben.

Martina zierte sich ein bisschen, sah Tom dann an und meinte: „Na ja, wir können ja auf jeden Fall mal rauf gehen. Es ist ja noch fast 2 Stunden Zeit. Vielleicht haben wir ja auch etwas miteinander zu bereden“, und Tom ergänzte: „Mündlich, natürlich.“

Im Zimmer zog sie ihr Kleid aus, präsentierte sich mit einem etwas abstehenden Petticoat und mit einem schulterfreien Korsett, das ihren vollen Busen sehr schön darstellte. Tom zog seinen Anzug aus und beide legten sich aufs Bett. Sie kuschelten aneinander, er streichelte sie und es dauerte nicht lange, da war sie eingeschlafen. Tom sah ihr zu, sie sah fast ein wenig unschuldig aus, wie sie so da lag, wenn auch ihre Brüste oben aus ihrem Top herausquollen, war das ein sehr reizvoller Anblick und solange sie die Augen geschlossen hatte und ein liebes Gesicht dazu machte, sah sie wirklich unschuldig aus. Tom hatte mitbekommen, gerade ihre Brüste waren bei taktilen Berührungen sehr empfindlich und das spielte für sie eine sehr große Rolle beim Sex. Sie liebte es sehr, dort gestreichelt zu werden. Sie hatte Tom bereits wegen seiner Zärtlichkeit gelobt und sich über andere Lover beschwert, die mit ihren Prachtstücken umgehen würden, wie der Bäcker mit dem Brötchenteig. Tom widerstand aber der Versuchung, sie wieder aufzuwecken, er machte sich langsam von ihr los, deckte sie ein wenig zu, setzte sich in einen Sessel und las in einer Zeitung. Nach einer knappen Stunde wurde es plötzlich im Flur wieder sehr laut, Martina wachte auf. Sie war zunächst desorientiert, sah Tom an und erinnerte sich schließlich: „Bitte komm hier her, komm zu mir ins Bett.“ Sie nahm ihn in den Arm, streichelte ihn am Kopf, liebkoste ihn, küsste ihn und sah ihm in die Augen: „Bitte, ich habe so Sehnsucht nach dir.“ Warum nicht, dachte sich Tom, er zog sich aus und legte sich zu ihr. Kurz darauf taten sie das wieder, was sie schon getan hatten und es war doch wieder anders und es war nochmal schön. Sie konnten es gut miteinander. Nachdem sie ausgiebig miteinander Lust gehabt hatten, streichelte sie ihn, und schaute ihn an: „Du, das ist wunderschön mit uns beiden. Ich glaube, das würde ich gerne noch sehr oft mit dir machen. Und das, wo ich dich nur ausgeliehen habe.“ Und nach einer Weile des Schweigens: „Nur ausgeliehen. Und nicht einmal dazu.“

Am liebsten wäre sie mit Tom im Bett geblieben, aber jetzt gab es Nachmittagskaffee und da musste man schon wieder unten sein. Sie gingen hinunter. Dort wurde Torte serviert und es wurden Reden gehalten. Das Brautpaar saß in der Mitte einer großen U-förmigen Tafel, schaute alle Leute an, ging auch immer mal wieder herum, jeder für sich, zu allen möglichen Gästen und sprach mit ihnen. Man trank Kaffee und mancher trank auch einen Cognac dazu, außerdem wurde Kuchen gegessen. Das Ganze dauerte lange, mancher blieb schließlich sitzen, bis es das Abendessen gab. Dazu wurde wieder viel getrunken. Wein und Schnaps und Bier, je nachdem was halt gerade kam, die Leute konnten sich bestellen, was sie wollten, sie erhielten das und ständig ging irgendjemand rum und wollte mit jemand anderem anstoßen. Es wurde ein richtiges Besäufnis.

Tom mochte nicht viel trinken, er wollt die Übersicht nicht verlieren, schon damit seine tatsächliche Rolle nicht herauskam und er weiter als Martinas Freund galt. Er bemerkte aber, wie seine Begleiterin in etwas zu großem Maße dem Rotwein zusprach. Noch ehe das Abendessen vorbei war, war sie erkennbar angetrunken. Tom fand das nicht gut, er ging deshalb mit ihr an die frische Luft und sie machten einen ausgedehnten Spaziergang, so kamen sie zum eigentlichen abendlichen Tanzfest ein bisschen zu spät.

Bei dem Spaziergang schwiegen sie meist, hielten sich aber die ganze Zeit an der Hand. Das geschah aber nicht damit das so aussah, sie wären ein Paar. Sie taten es gerne. Sie fühlten sich verbunden, sie spürten sich und spürten sich gerne. Manchmal erzählte Martina etwas von ihrer heimischen Situation, von ihrer Mutter bzw. von ihren beiden Eltern, die sich noch nie sehr viel zu sagen hatten und nur ganz wenig miteinander sprachen. Sie konnte sich auch nicht vorstellen, ihre Eltern hätten noch Geschlechtsverkehr miteinander. Tom hörte ihr zu. Er fand, der Spaziergang tue ihr zwar ganz gut, sie stehe aber immer noch unter dem Einfluss von Alkohol und er nahm sich vor, mehr auf sie zu achten, damit sie nicht mehr so viel trinken würde.

Als sie dann schließlich in den Festsaal kamen, gab es dort gerade ein großes Hallo, denn die Stiefschwester der Braut war eingetroffen. Eigentlich hatte keiner mehr mit ihr gerechnet, sie war ein wenig älter als die Braut und von ihrer Stiefmutter als Kind aus erster Ehe mit in die Beziehung mit dem Brautvater eingebracht worden. Sie war ein völlig anderer Typ und galt auch als ein wenig ausgefallen, sie studierte Literatur in Salzburg und München und war zu diesem Fest mit einem Partner erschienen, der Tänzer in Stuttgart war. Sie waren ein ausgesprochen attraktives Paar, er trug einen eng anliegenden Anzug, der aus Hose und Weste bestand mit einem Hemd darunter und sie hatte einen langen schwarzen Rock, der sehr schmal war, aber offenbar ein Wickelrock, als Oberteil trug sie eine hellgraue Bluse aus Seide. Beides stand ihr hervorragend, denn sie hatte eine elegante Frisur aus schwarzen Haaren, die in auffälliger Weise ungleich geschnitten waren, aber gerade dadurch sehr apart aussahen und ihr Gesicht mit den dunklen Augen sehr gut umrandeten. Die beiden waren hereingekommen und alle schauten nach ihnen. Tom hatte das Gefühl, es war der Braut gar nicht recht, dass ihre Stiefschwester noch gekommen war. Nicht nur weil sie ihr ganz offenkundig die Show stahl, sondern weil sie auch nicht unbedingt für eine liebe, verständige Gesprächspartnerin ihrer Stiefschwester gehalten wurde.

Diese Frau war wirklich sehr bemerkenswert. Sie war groß und schlank und fiel schon alleine durch ihren klaren Blick auf, sie schaute alle Leute sehr direkt an, so etwas hatte Tom bislang nur von Männern gesehen, nie von Frauen. Sie war zusammen mit ihrem Partner in den Saal gekommen und sofort auf die Tanzfläche gegangen, wo sie zunächst nicht sehr auffielen, aber dann wurde der Kreis um sie herum immer weiter und weiter, bis sie praktisch alleine auf der Tanzfläche waren und alle drum herum standen und rhythmisch klatschten. Die beiden boten einen hervorragenden Tanz. Als das Stück zu Ende war bedankten sie sich artig mit leichter Verneigung.

Nun kam die Braut auf ihre Stiefschwester zu, man begrüßte sich und wer genau hinsah, der konnte merken, diese Begrüßung war irgendwie steif, das war nicht normal, das war nicht natürlich. Ok, sie nahmen sich in den Arm, aber eine gewisse Distanz blieb. Die Stiefschwester der Braut, sie hieß übrigens Tanja, stellte ihren Begleiter vor, der sich sehr artig benahm und mit einem angedeuteten Handkuss die Braut in wahre Verzückung versetzte. Die Geste, die er dabei zeigte, war fast ein bisschen übertrieben, aber im Grunde erschien sie formvollendet. Auch der Bräutigam war hinzugekommen und die Brautmutter. Man begrüßte sich, die Brautmutter nahm ihre Tochter fest in den Arm, man sah. das war eine herzliche Begrüßung der beiden Frauen. Den Begleiter ihrer Tochter begrüßte sie allerdings mit deutlich ausgestrecktem Arm, sodass man eine gewisse Distanz nicht übersehen konnte. Auch sie erhielt einen angedeuteten Handkuss und eine leichte Verneigung.

Jetzt spielte die Musik wieder, die Personen gingen von der Tanzfläche. Tanja und ihr Partner trennten sich und gingen in entgegengesetzter Richtung auf irgendjemand anderen aus dem Publikum zu. Tom hatte Tanja mit unverhohlener Bewunderung zugeschaut. Wahrscheinlich war es ihm gar nicht aufgefallen, wie sehr er sie bestaunte. Dennoch wunderte er sich, ja er war sogar ein wenig erschrocken, als sie auf ihn zukam, ihn dabei direkt ansah und fragte: „Willst du mit mir tanzen?“ Getanzt hatte er schon eine ganze Weile nicht mehr, mit Martina war ihm das einfach zu riskant geworden, denn die war nun tatsächlich stark vom Alkohol beeinträchtigt. Sie war schlicht und ergreifend betrunken. Er saß zwar mit ihr zusammen an einem kleinen Tisch direkt neben der Tanzfläche, aber an Tanzen mit ihr war nicht mehr zu denken.

Tanja ging mit ihm davon, das heißt sie führte ihn und auch beim Tanzen führte sie. Es war fast unmerklich, sie machte es sehr gut, aber sie führte. Dabei sah sie ihn sehr direkt an: „Du bist also mit Martina da, mhm. Ja, ich habe von euch gehört. Du tanzt gar nicht mit Martina."

„Oh, sie ist schon sehr müde."

„Mhm, du meinst sie ist betrunken."

„Du siehst sehr gut", antwortete Tom. Er schaute ein wenig in den Raum, wobei ihm völlig bewusst war, Tanja sah ihn in dieser Zeit genau an.

Sie sagte noch einmal: „Du bist also mit Martina da. Aber sonst seid ihr kein Paar."

Tom war wie elektrisiert, er schaute sie an, er war alarmiert. „Wie kommst du da drauf?"

„Na, du hast doch eben gerade erst gesagt, ich würde gut sehen."

„Du bist kaum hier und hast mich kaum wahrgenommen und schon willst du so eine Differenz sehen, so einen Unterschied?"

„Ok", erwiderte sie, „ein bisschen Spekulation war auch dabei. Ich habe halt schon gemerkt, du bist mit ihrem Verhalten nicht so fürchterlich glücklich."

„Gut, du hast recht. Aber ich bitte dich, Dritten gegenüber von dieser Kenntnis keinen Gebrauch zu machen." Tanja hatte bislang beim Tanzen in der zwar typischen Tanzhaltung noch Distanz gehalten und war ihm nicht besonders nahe gekommen. Aber jetzt kam sie näher, schmiegte sich fast an ihn und fragte schließlich: „Sag mal, wo hat sie dich her?"

Tom war verlegen und meinte etwas verzögert: „Sie ist die Busenfreundin meiner Freundin."

„Mhm, du hast also eine Freundin."

„Hattest du etwas anderes erwartet?“

„Nein, eigentlich nicht. Aber ich habe nicht erwartet, dass du Martinas Freund bist.“

Tom sah sie fragend an.

„Na ja weißt du, so innerhalb der Familie spricht sich Verschiedenes herum und ich habe Martina früher oft gesehen und man gewinnt halt so seinen Eindruck. Es mag ja sein, sie ist längst nicht so naiv wie sie tut, aber auf die Dauer glaube ich kaum, dass sich ein ernstzunehmender Mann davon beeindrucken lässt.“

„Aha“, meinte Tom, „so und jetzt bist du damit herauskommen, du hältst mich für einen ernstzunehmenden Mann.“

Tanja sah ihn noch direkter an als vorher und sagte ganz schlicht und ergreifend: „Ja.“

Tom war platt. Er schüttelte ein ganz klein wenig den Kopf, sah sie an, lächelte und sagte einfach nur: „Tolle Frau.“

Da war der Tanz zu Ende, sie löste sich aus seinem Arm, leichtes Kopfnicken „Danke sehr, wir sehen uns“, und dann war sie fort. Tom stand etwas herum und ging zurück zum Tisch an dem Martina saß und ihn misstrauisch beäugte. Sie war zwar reichlich angetrunken, aber sie hatte dennoch mitbekommen, zwischen Tanja und Tom hatte es eine intensive Unterhaltung gegeben. Sie meinte zunächst nur: „Dass die so direkt auf dich zukommen würde, na ja, das ist halt Tanja.“ Nach einer Weile fragte sie: „Was ist mit ihr, was wollte sie von dir?“

Tom schwieg einen Moment und dann sagte er: „Du, die hat das durchschaut. Die weiß Bescheid über uns beide. Aber sie sagt nichts.“

„Ich glaube, das geht in Ordnung“ meinte Martina. Tanja ist ein unheimlich guter Kumpel und sie hat immer zu mir gehalten. Aber die meiste Zeit war sie ja nicht da. Sie war fast immer in der Schweiz in ihrem Internat. Ich glaube, sie hat nie verstehen können, warum ihre Mutter meinen Onkel geheiratet hat. Schließlich war ja auch Tanjas Vater reich genug, nicht nur seine Tochter gut zu unterhalten, sondern auch den Unterhalt für seine Exfrau zu bezahlen. Aber na ja, wo die Liebe halt hinfällt. Erstaunlicherweise scheinen sich die zwei Alten ja gut zu verstehen. Und es heißt ja auch, Unterschiede ziehen sich an." Dabei sah sie auf Tom in einer merkwürdigen Weise. Sie hatte sich in der Zwischenzeit eine neue Flasche Rotwein bestellt und wollte sich gerade das Glas nachgießen, als Tom ihre Hand festhielt und ihr die Flasche abnahm:

„Bitte nicht noch mehr. Ich mag dich wie du bist, aber betrunken bist du nicht du. Bitte."

Da blitzten Martinas Augen auf, ihr gesamtes Temperament kam plötzlich durch, sie fauchte ihn an: „Hach du, du willst ja nur nachher wieder mit mir ficken. Und wenn ich zu voll bin, dann kannst du nicht so gut mit mir ficken. Und morgen früh wirst du es nicht mehr mit mir tun wollen, denn dann fahren wir ja zurück. Da fährst du zurück zu Ina und weißt du was die Ina als erstes tun wird? Die geht mit dir ins Bett. Die will nämlich nachgucken, ob du noch kannst. Erzähl mir was du willst, ich kenn die Weiber."

Tom war erschrocken über diesen Ausbruch denn sie saßen schließlich nicht ganz alleine hier und obwohl die Musik laut war, war das Wort „ficken" doch aufgefallen. Er merkte, am Nachbartisch tuschelte man ein bisschen und zu sah ihnen hinüber. Er nahm Martina daher in den Arm und sagte ihr ganz ruhig: „Nein, morgen werde ich gewiss nicht mit Ina schlafen, sie kriegt gerade heute ihre Tage und dann geht das morgen sowieso nicht. Aber abgesehen davon weiß ich nicht, ob das jemals wieder der Fall sein wird und das hängt sehr stark davon ab, was wir ihr über die letzten beiden Tage sagen werden. Aber darüber sollten wir uns lieber morgen unterhalten. Insbesondere, wenn du wieder nüchtern bist." Martina sah ihn mit großen Augen an, küsste ihn auf den Mund und schob ihr Glas weg. Als dann ein langsamer Blues kam, gingen sie sogar zusammen zur Tanzfläche und schoben dort eng umschlungen herum, das war auch ganz gut so, denn furchtbar stabil war Martina nicht mehr auf den Beinen. Tanja sah sie von weitem, winkte ihnen zu und grinste ein wenig.

Nun ergriff der Brautvater mit etwas schwerer Zunge das Wort, es sei bereits nach Mitternacht und das junge Paar würde nun die Gesellschaft verlassen und sich auf die Hochzeitsreise begeben. Das Fest würde aber noch ungehindert weitergehen und er würde sich freuen, wenn alle noch möglichst lange blieben.

Man begab sich nun mit dem Brautpaar nach draußen, die dort mit großem Hallo in einer großen dunklen Limousine mit Chauffeur verabschiedet wurden und davon rauschten. Menschen, die sich offenbar für besonders witzig hielten, hatten noch einige Schnüre mit leeren Konservendosen an die hintere Stoßstange des Autos gebunden und eine Plastiktüte mit Verhüterli. Tom zeigte das Martina, die ein wenig brauchte, bis sie begriffen hatte, aber dann ganz trocken fragte: „Benutzt oder frisch?“

Martina fand es nun selbst besser, ins Bett zu gehen, denn sie war nicht mehr stabil auf den Beinen. „Ach du“, meinte sie zu Tom „du willst ja nur mit mir ins Bett, solange ich noch einigermaßen brauchbar bin.“

Weiter kam sie nicht, denn er legte ihr den Finger auf den Mund: „Nein, jetzt nicht. Wir sollten beide etwas davon haben und das hätten wir jetzt nicht.“

Martina zog ihn zu sich herunter und flüsterte ihm ins Ohr: „Du bist toll. Ich will dich, ich will dich für immer.“

Sie gingen nach oben, er brachte sie ins Zimmer und half ihr beim Ausziehen, sie war wirklich hochgradig betrunken, in der Nähe des Bettes wurde das noch deutlicher und man sah es auch, sie ließ sich sehr stark gehen, sie ging nochmal hinaus aber Zähneputzen war schon nicht mehr drin. Er schaffte es gerade noch, ihr das Oberteil ihres Negligés anzuziehen, untenherum trug sie ihren Slip und sonst nichts und dann plumpste sie ins Bett und war sofort weg. Tom war heilfroh, als sie einschlief. Er hatte große Befürchtungen gehabt, sie würde das nicht können, weil sich alles in ihrem Kopf drehen würde und sie vielleicht sogar nochmal raus müsste. Aber nichts dergleichen geschah. Ein bisschen ließ es den Schluss zu, sie war Alkohol gewohnt. Wie viel sie tatsächlich getrunken hatte, wusste er nicht, darüber hatte er keine Übersicht. Er war sich nur darüber im Klaren, es war effektiv zu viel und wesentlich mehr als er selbst getrunken hatte.

Tom hatte aber noch keine Laune, sich jetzt auch ins Bett zu legen, nachdem Martina fest schlief, ging er wieder nach unten und setzte sich erst einmal an die Bar. Dort bestellte er einen Espresso und dachte nach.

Die Bar war etwas abgetrennt von dem eigentlichen Festsaal, in dem es immer noch hoch her ging, zwar hatte die Kapelle längst aufgehört zu spielen, aber Musik kam von einer Konserve. Manche Leute tanzten noch, andere saßen herum und schwätzten und andere tranken nur oder glotzten stier in die Gegend. Die Brauteltern waren mittlerweile auch verschwunden, es waren aber noch reichlich Leute da. Tom blieb nicht lange alleine, denn Tanja setzte sich neben ihn. „Na, ist Martina schon im Bett?“ frage sie.

„Ja“.

„Und, ist nichts mehr drin oder so?“ Tom sah sie ein bisschen verärgert an und dann meinte Tanja nur: „Ok, sie ist einfach zu betrunken, das sollte man das lieber nicht tun. Aber Ihr habt doch schon miteinander geschlafen?“

„Fragen stellst du“, sagte Tom.

„Ach, na ja“, meinte Tanja „eigentlich wollte ich ja nur wissen, wie dein Verhältnis zu deiner Freundin ist. Aber ich glaube jetzt weiß ich genug darüber. Im Grunde hast du

Recht, man sollte sich nie auf einen Partner alleine festlegen und schon gar nicht über längere Zeit. Seit Erfindung der Pille braucht man ja auch keine sonderlich große Angst mehr zu haben. Ok, man kann sich mit allem möglichen infizieren, aber auch dagegen gibt es Möglichkeiten. Hast du dir schon einmal etwas eingefangen?"

Tom war etwas verblüfft: „Nein." Er berichtete ihr über die Vorteile die die Erfindung des Dr. Kondom auch in dieser Beziehung habe und er schon alleine deshalb die Benutzung dieses Instrumentes sehr bevorzugen würde.

„Ja", entgegnete sie, „insofern magst du ja recht haben, aber es hindert die Spontanität halt doch ein bisschen, das ist nicht zu bestreiten."

„Interessant, dass du das unter dem Aspekt der Spontanität sagst, sonst habe ich da immer so Sprüche gehört, das würde eine Frau merken, oder man würde die Würste ja auch nicht mit der Haut essen. Was im Übrigen gar nicht stimmt, Frankfurter Würstchen und Wiener werden auch so gegessen."

Tanja ergänzte daraufhin: „Also, mal ganz ehrlich, wenn eine Frau behauptet, sie würden den Unterschied merken, dann lügt sie. Eine Frau merkt den Unterschied nicht, es sei denn das ist ein ganz grobes Ding?"

Tom berichtete ihr dann von den Ratschlägen seiner Mutter, worüber sie herzhaft lachen musste, aber schließlich meinte: „Die hat gar nicht so Unrecht, deine alte Dame." Was willst du denn machen, wenn dir eine Frau sagte ‚wir können' oder ‚ich nehme die Pille', du musst dich auf sie verlassen und wenn du dich nicht auf sie verlassen kannst, dann bist du verlassen. Also insofern hat sie schon recht."

Nun sah Tom sie doch mal etwas erstaunt an: „Du sag mal, wir kennen uns kaum und unterhalten uns über solche Themen."

„Ja, stimmt, aber ich hatte das sichere Gefühl, du und ich, wir können darüber reden. Und eigentlich ist es ja gut so, wenn Mann und Frau sich darüber unterhalten. Vorher." Und nach einer Weile „Vielleicht sehen wir uns ja mal wieder."

Tom sah sie groß an: „Ich glaube, ich hätte nichts dagegen."

„Ich auch nicht. Aber jetzt gehe ich erst mal, ok? Tschüß, vielleicht sehen wir uns noch, ciao." Sie glitt vom Barhocker und ging wieder in den Festsaal hinüber.

Tom blieb noch eine Weile, weil er nicht wusste, ob Tanja zurückkommen würde, auch wenn er nicht wusste, ob er das gut finden sollte, jetzt auch noch mit Tanja etwas anzufangen. Es erschien ihm ein bisschen viel und so klar war das, was sie gesagt hatte, nun auch nicht gewesen, außerdem war sie nicht alleine da. An Ina dachte er nicht, eher an Martina. Tom bestellte sich schließlich einen Cognac. Was Tanja gesagt hatte, war recht eindeutig, aber wegen der mangelnden Realisierbarkeit kaum zu verwirklichen, vielleicht war es sogar leichtfertig von ihr, es so zu sagen. Er wusste nicht, was er davon halten sollte. Er nahm den Cognac als Abschluss, sah noch einmal in den Festsaal und ging nach oben. Schließlich war es ja schon fast 3 Uhr und am nächsten Tag irgendwann zwischen zehn und halb zwölf sollte gefrühstückt werden, außerdem stand ihm ja wohl doch noch eine Unterhaltung mit Martina bevor, die dann hoffentlich klar genug sein würde, um vernünftig mit ihm zu reden.

Er ging über einen weichen Teppich auf die Zimmertür zu und bemerkte schon aus einigen Metern Entfernung ein ziemlich eindeutiges Geräusch, das aus dem Zimmer drang: Martina schnarchte - und wie. Sie lag auf dem Rücken im Bett und gab Geräusche von sich, die man einem so zarten Wesen nicht zugetraut hätte. Tom drehte sie auf die Seite und, was sie in ihrem Schlaf überhaupt nicht störte und kaum am Schnarchen hinderte. Er stopfte ihr ein Kissen unter die Schultern, sodass sie sich nicht mehr auf den Rücken legen konnte, aber sie schnarchte nach wie vor. Er legte sich neben sie ins Bett. Nur, einschlafen konnte er nicht. Das dauernde Schnarchen von Martina erinnerte ihn an ein Problem, das er mit ihr hatte. Er mochte Martina. Er fühlte sich sehr stark auch von ihren erotischen Fähigkeiten angezogen, sie gefiel ihm so wie sie war, so als Frau. Aber so als dauerhafte Freundin - gar auf längere Zeit, das mochte er sich dann doch nicht vorstellen. Andererseits würde eine entsprechende Andeutung bei Ina wohl die Freundschaft zwischen Martina und Ina beenden, aber ganz gewiss auch die zwischen Tom und Ina. Wäre das wirklich so schlimm dachte er sich, nach all dem, was sich bei ihm getan hatte. Wenn ohnehin geschehen konnte, was nun mal passiert war, dann konnte ja wohl auch in der Beziehung zwischen Ina und ihm nicht alles stimmen. Tja und jetzt war er auch noch Tanja begegnet. Tanja, einer Frau von einer ganz anderen Kategorie. Weder Martina noch Ina konnten sich mit ihr messen. Ihr gegenüber waren sie schlicht und ergreifend spießig. Das alles wurde Tom überaus klar. Eigentlich wollte er mit der sich anbahnenden Überzeugung, weder Martina noch Ina würden die richtige Lebenserfüllung für ihn sein, einschlafen, aber es ging nicht. Martina schnarchte einfach zu laut.

Nachdem er erfolglos versucht hatte mit Kopfkissen auf dem Ohr einzuschlafen, verzog er sich auf die Couch, aber auch das hatte keinen Sinn, am Ende zog er sich an und ging nach unten in den Schlosspark. Es war eine warme Sommernacht und er dachte, irgendwo werde er eine Bank finden, um sich ein wenig zu beruhigen. Vielleicht könnte er dann nachher schlafen, schließlich konnten sie ja die Abfahrt bis in den Nachmittag hinaus verzögern, sie waren ja sogar noch zum Mittagessen eingeladen und müssten zum Frühstück überhaupt nicht auftauchen.

Im Park fand er schließlich auch eine Bank, die eingewachsen war, man konnte sie von dem Schlosshotel aus nicht sehen. Er setzte sich nieder und dachte nach. Plötzlich hörte er leichte Schritte neben sich und da stand Tanja. Sie setzte sich neben ihn, als hätten sie sich dort verabredet. Sie war nicht erstaunt ihn dort vorzufinden, zumindest verstand sie es sehr gut, das zu verbergen, ganz im Gegensatz zu Tom, der große Augen machte und fragte: „Wo kommst du denn jetzt her?“

„Wieso, ich habe doch gesagt, vielleicht sehen wir uns noch.“ Das genügte Tom aber nicht als Erklärung. Sie sagte schließlich: „Ok, ich habe mein Zimmer, oder unser Zimmer, meinem Begleiter überlassen, der vergnügt sich dort mit einem von den beiden Herren aus dem Betrieb meines Stiefvaters.“ Tom kam darauf, es musste sich wohl um einen der beiden sehr muskulösen Männer handeln, die mit der Kloschüssel beim Polterabend waren:

„So, so, er vergnügt sich dort mit einem Mann.“

„Ja, er mag keine Frauen. Es ist irgendwie schade, aber er mag keine Frauen. Als er mich mal ohne alles sah, hat er meinen Hintern bewundert und gemeint ‚Schade, dass er nicht einem Knaben gehört‘. Ich habe seinerzeit noch versucht ihm klarzumachen, es gäbe auch Frauen, die die Vorzüge des Analverkehrs zu schätzen wissen, aber er ist nicht darauf eingegangen.“ Tom schluckte erkennbar.

„Ach, bin ich wieder zu offen? Oh, Entschuldigung aber, es war nicht so gemeint. Du kannst ganz beruhigt sein, ich bevorzuge die andere Art.“ Nun legte sie ihre Hand in seinen Nacken, zog ihn ein wenig zu sich hinüber und küsste ihn auf den Mund. Dabei öffnete sie leicht ihre Lippen und fing an mit ihrer Zunge an seiner Zungenspitze zu spielen. Sie macht sehr deutlich, auch in dieser Beziehung verstand sie das Führen sehr gut. Dann griff sie seine andere Hand und führte sie an ihre Brust und zwar direkt in den Ausschnitt hinein. Sie trug keinen BH und er berührte einen schönen, festen, nicht allzu großen Busen mit einer bereits sehr stark erigierten Brustwarze. In der Zwischenzeit küsste sie ihn völlig ungebremst weiter und das auch sehr aktiv. Er streichelte sie sehr vorsichtig, woraufhin sie ihm zu verstehen gab, er könnte auch fester drücken, was er dann zu ihrer Zufriedenheit auch tat. Das ging so eine Weile, bis sie sich ein wenig voneinander lösten und sie schließlich die Schleife aufzog, die ihre beiden Blusenhälften vorne zusammenhielt. Er konnte nun ihren Busen völlig freilegen. Er streichelte ihn zart und besonders kraulte er mit den Fingernägeln die Wände ihrer Brustwarzen. Sie lehnte sich zurück, schloss die Augen und fing an zu genießen. „Das ist schön, was du da machst" sagte sie. Sie streichelte seinen Kopf und sagte schließlich: „Lass uns weiter machen." Sie löste sich leicht von ihm, stand auf, griff unter ihren Rock und zog ihren Slip aus. Während sie den ablegte stellte sie eines ihrer Beine oben auf die Bank, sie schlug einen Teil ihres Wickelrockes zurück, sodass sie mit völlig entblößtem Unterleib vor ihm stand, einen Fuß hatte sie auf dem Boden und einen Fuß auf der Bank, während sie sich mit einer Hand an der Lehne festhielt und ihn anschaute: „Bitte sehr, und jetzt richtig." Tom wusste nicht, wie ihm geschah, er wusste auch nicht so recht, wie das gehen sollte. Diese Stellung war ihm neu. Er schaute sie ein bisschen erstaunt an, sodass sie meinte: „Du willst doch". Dabei griff sie ihm eindeutig zwischen die Beine. „Doch, doch, ich merke deutlich, dass du willst." Nun schob sie ihn um sich herum, bis er hinter ihr stand, sie beugte sich nach vorne, hatte immer noch ein Bein auf der Bank und das andere auf dem Fußboden stehen und zog ihren Rock so nach oben, dass er ihren bloßen Hintern vor sich sah und ihre Muschi. Tom verspürte eine große Lust, von diesem Angebot Gebrauch zu machen. Nun wusste er auch, was sie meinte und wie es gehen sollte. Er fragte nicht, ob er etwa ein Präservativ nehmen sollte, oder ob sie die Pille nahm und auch sonst alles in Ordnung sei, irgendwo war es ihm egal. Er hatte nur noch Lust, holte sein Glied heraus und glitt in sie hinein.

Es hat gewiss nicht lange gedauert, was sie da miteinander taten, aber es war eindeutig und es war für beide genau das

Richtige, er konnte gar nicht so lange, wie er vielleicht gewollt hätte, aber das war auch nicht nötig, denn sie brach fast zusammen. Er war gerade in ihr gekommen und wollte sie noch ein bisschen liebkosen, aber das ging nicht, sie drehte sich um und sah ihm in die Augen: „Du bist toll, du kannst das prima. Wir sollten das öfter tun.“ Er zog seine Hose wieder notdürftig an und setzte sich etwas entgeistert auf die Bank, sie saßen da noch eine Weile nebeneinander, hielten sich fest und ließen die Lust, die sie miteinander hatten, ausklingen. Keiner sagte ein Wort, ab und zu sahen sie sich an und küssten sich ganz zart. Nach einer Weile stand sie auf: „So, ich gehe jetzt nach oben. Vielleicht schnarcht Martina nicht mehr. Ich glaube auch Henrys Typ hat sich jetzt verzogen, sonst schmeiß ich ihn raus, denn ich will jetzt schlafen. Mir ist danach und wir sehen uns ja vielleicht morgen wieder, ansonsten hörst du von mir. Ich habe bereits deine Adresse.“ Tom war immer noch erstaunt, fast erschüttert, Tanja war gegangen, hatte sich nochmal von ihm verabschiedet, ihm noch einmal einen Kuss gegeben, ihm über den Kopf gestreichelt und dann war sie verschwunden. Tom saß noch immer auf der Bank. Meine Güte. dachte er, ganz schön viel, was an diesem Wochenende alles passiert ist. Aber andererseits hatte er jetzt das sichere Gefühl, es war ihm ziemlich egal, was aus den Beziehungen zu Martina und zu Ina würde. Das war toll, dieses Bewusstsein, denn er spürte, er war nicht mehr von derartigen Beziehungen abhängig. Er wollte künftig nur noch mit Frauen intimen Kontakt haben, wenn beide sich darüber einig waren, was sie wollten und keiner den anderen mit Leim oder mit Schuldgefühlen übergießen wollte. Das war bei seinen bisherigen Beziehungen immer der Fall gewesen und das wurde ihm jetzt deutlich wie nie zuvor. Schließlich stopfte er sich sein Hemd in die Hose und ging wieder in das Hotel zurück zu dem gemeinsamen Zimmer, in dem Martina immer noch lag und schnarchte. Es war nicht mehr so laut oder es kam ihm nicht mehr so laut vor. Als er herein kam wurde sie ein bisschen wach und unterbrach ihre

Geräusche. Sie schaute ihn an, aber er wusste nicht, ob sie ihn wirklich wahrgenommen hatte. Er ging ins Bad, zog sich aus, löschte das Licht und schlief nach relativ kurzer Zeit ein. Ein schlechtes Gewissen wegen dem, was eben gerade mit Tanja vorgefallen war, hatte er übrigens nicht. Er hatte ein ganz tiefes Gefühl, genau das Richtige getan zu haben.

Am nächsten Morgen standen sie zeitig genug auf, um noch zum Frühstück zu kommen. Sie streichelten sich gegenseitig ein wenig, küssten sich, aber sie schliefen nicht miteinander. Martina meinte irgendwann: „Du, ich glaube, ich kann heute auch noch nicht so richtig, ich muss erst mal meinen Kater wieder loswerden und das Ganze sortieren, außerdem, ich bin ein bisschen wund."

Nach dem Frühstück verabschiedeten sie sich und fuhren davon, wobei Tom, wie er schon geahnt hatte, das Auto fahren musste, denn Martina war noch nicht so richtig da, aber keiner von beiden wollte länger bleiben und es gab auch nichts mehr, was sie mit irgendjemandem zu bereden hatten. Tom war ganz froh, weg zu kommen, denn Tanja hatte er nicht mehr gesehen und auf eine zufällige Begegnung wollte er es im Augenblick nicht ankommen lassen. Insbesondere hatte er keine Lust darauf, Martina könnte erkennen, zwischen ihm und Tanja gäbe es eine intensivere Beziehung. Sie hatte schon am Abend vorher genügend mitbekommen.

Tom und Martina fuhren aber nicht direkt nach Hause, sondern machten unterwegs an einem Gartenlokal halt, wo sie nach einem ausgedehnten Spaziergang zu Mittag aßen. In der ganzen Zeit sprachen sie sehr vernünftig miteinander, sie sprachen über die Lust, sie sprachen über Sex, sie sprachen über die Zukunft und kamen schließlich überein, Ina nichts zu sagen, wobei das sinnigerweise in der Hauptsache auf Martinas Wunsch zurückging. Sie sagte zu Tom: „Weißt du, mir ist inzwischen klar, ich will dich. Aber ich will dich nicht, weil Ina dich rausschmeißt. Wenn aus dir und mir ein Paar wird, dann sollst du zu mir kommen. Du sollst dich von Ina lösen und dann zu mir kommen." Tom sah sie lange an und küsste sie auf den Mund: „Du bist eine tolle Frau, wir werden sehen, was die Zukunft bringt."

Die Beziehung zu Ina löste sich ganz allmählich, denn sie wechselte den Studienort und sie sahen sich dann zeitweilig wochenlang nicht. Schließlich gestanden sie sich gegenseitig, sie hätten längst andere Beziehungen. Von Martina erwähnte er allerdings nichts. Mit ihr erlebte er zwar noch ein paar Mal sehr heiße Nächte, ein Paar wurden sie aber nicht.

Tanja sah Tom übrigens erst Jahre später bei einem Kongress wieder, dort referierte sie über Kommunikation und Tanz, das tat sie hochwissenschaftlich und sehr gut. Sie erkannte Tom und winkte ihm von weitem zu. Und er dachte sich, vielleicht ist es ein Glück, sich nur von Ferne zu sehen.

Merve

Wer geht schon gerne zum Zahnarzt? Das ist wohl kaum denkbar - außer vielleicht der Zahnarzt selbst. Tom musste wieder mal hin, aber diesmal nur zur Kontrolle, das Schlimmste war bereits passiert und jetzt sollte nachgeschaut werden, wie alles verheilt war und wie sich das weiter entwickelt hatte. Dazu ging er in die zahnärztliche Universitätsklinik. Das Geschehen vorher war gravierend, es musste dort durchgeführt werden und war auch ganz gut gemacht worden, jetzt musste er nur zur Nachkontrolle. Für 15:40 Uhr hatte er einen Termin und er ging davon aus, von einem Assistenzarzt oder einer Assistenzärztin behandelt zu werden. Erst musste er zur Anmeldung und dann setzte er sich in einen großen Warteraum, in dem dann noch 3 andere Leute saßen und blätterte in alten Zeitschriften. Es dauerte nicht lange, da kam eine junge Frau, groß, blond blauäugig, in einem weißen Kittel und mit einer Akte in der Hand und fragte nach seinem Namen: „Sind sie Herr X ?“

„Ja.“

„Dann kommen sie bitte mit.“

Er folgte ihr in eine der Kabinen in einem größeren Behandlungssaal. In die einzelnen Abteilungen konnte man nicht hineinschauen, aber die Wände waren nicht bis an die Decke durchgeführt, so dass man von überall her Bohrer sirren hörte und Leute stöhnen, oder man hörte irgendjemand etwas sagen, aber man sah sonst niemanden. Besonders der Patient selbst war vom Gang aus nicht sichtbar. Die Türen waren nicht verschlossen, es waren einfach nur Öffnungen, aber man konnte nicht weit in die einzelnen Räume hineinschauen. Tom nahm auf dem Behandlungsstuhl Platz und sah sich die Ärztin an, die ihn jetzt behandeln würde. Sie war durchaus attraktiv, aber nicht übermäßig auffallend, insbesondere spielte sie nicht mit ihrem Äußeren. Sie behandelte ihn sehr freundlich, aber auch sehr sachlich. Sie sprach nicht viel, sondern schaute ihm immer nur wieder in den Mund, nahm irgendeine Sonde oder etwas zum Schaben, sie fühlte an verschiedenen Stellen nach und machte zwischendurch Notizen. Hierzu wandte sie sich von ihm ein wenig ab und schrieb etwas in die Krankenakte. Er betrachtete sie und sah, sie hatte schöne blaue Augen, in die er völlig ungeniert hineinschauen konnte, während sie ihm in den Mund blickte, er war sich aber nicht ganz sicher, ob sie das nicht doch bemerkte, wenn er ihr in die Augen schaute, deshalb tat er es nicht ständig aber immer wieder. An ihrem Kittel trug sie ein Namensschild. Dr. Merve Voss. Das klang ungemein norddeutsch. In seiner Fantasie sah Tom einen alten Seemann mit Kapitänsmütze auf einem Segelschiff, das müsste einer ihrer Urahnen, gewesen sein, das passte zu diesem Namen, es passte auch zu dieser Frau. Eigentlich hätte er sie gerne gefragt, was sie denn so weit in den Süden der Republik verschlagen hätte, aber einerseits traute er sich nicht, andererseits konnte er auch nicht, denn er musste immer wieder den Mund aufmachen und sie wollte nachschauen und etwas nachmessen und machte sie sich erneut Notizen und dann schaute sie wieder rein. Tom fand sie in interessant, aber es gab keinen Anlass, seine Neugier zu vertiefen, Anspielungen zu machen oder nur simple Fragen zu stellen.

In der Zwischenzeit hatte sich, ohne dass Tom es bemerkt hatte, eine andere Frau in die Türöffnung gestellt, er konnte sie erst wahrnehmen, als Merve Voss sich mal wieder umdrehte, um etwas zu notieren. Dadurch sah er die andere auch nur ganz kurz aber was er sah, war aus der Wahrnehmung eines Mannes gar nicht übel, denn die Frau die dort stand, war ausgesprochen hübsch. Sie hatte dunkle lange Haare, war zwischen 1 Meter 65 und 1 Meter 70 groß und was besonders auffiel: Sie hatte ungemein lange dunkle Wimpern. Tom war von ihrem Augenaufschlag fasziniert. Ob er nun realistisch wirklich so war, wie er das wahrnahm, das konnte er nie klären, blieb letztlich auch gleichgültig. Es war beeindruckend und da er sie nur ganz kurz sehen konnte,

konnte er auch nicht wahrnehmen, ob das öfter der Fall war. Er jedenfalls behielt einen unglaublich langsamen Augenaufschlag in Erinnerung, der zwei schöne dunkelbraune Augen frei gegeben hatte.

Die Assistenzärztin, die Tom behandelte, war offenbar über das Auftauchen dieser Frau absolut nicht erfreut. Sie drehte sich abrupt wieder zu Tom herum und wandte der Frau den Rücken zu und das, obwohl diese sie ansprach:

„Merve, würdest du nachher mal bei mir vorbei kommen?"

Es folgte ein ganz klares hartes „Nein". Merve Voss war richtig erstarrt. Sie hielt sich mit der linken Hand am oberen Teil des Behandlungsstuhls fest. In der rechten Hand hatte sie einen Haken, ein zahnärztliches Instrument, das sie aber auch so fest umklammerte, dass man sah, wie ihre Knöchel weiß wurden. Die andere Frau gab aber offenbar noch nicht auf, sondern fragte weiter:

„Sag mal, Merve, willst du nicht doch lieber mal mit mir reden?"

Merve daraufhin: „Rieke, es reicht, danke."

„Bitte komm doch mal vorbei."

„Nein, das werde ich nicht tun und jetzt geh bitte."

Rieke, so hieß die andere Frau wohl, ging jetzt und die Zahnärztin stand immer noch eine Weile da und bearbeitete ganz offenkundig ihre Erregung, sie war nicht in der Lage, irgendetwas anderes zu tun, sie starrte einfach vor sich hin und schwieg. Nach einer Weile murmelte sie etwas von „Entschuldigung, tut mir leid, kann ich nichts dafür", und dann plötzlich brach es aus ihr heraus: „Sie hat mir meinen Freund weggenommen. Ich dachte wir würden heiraten."

Tom war ergriffen. Er war erschüttert, das ließ sich nicht verleugnen. So hautnah hatte er eine derartige emotionale Dichte kaum jemals mitbekommen.

„Lassen Sie sich ruhig Zeit. Ich kann auch ein andermal wiederkommen, das ist nicht schlimm, wenn Sie jetzt Zeit brauchen, nehmen Sie sich die ruhig."

„Nein, nein, es wird schon wieder gehen. Es ist halt nicht so einfach. Aber es ist schön, dass Sie mich verstehen, ich danke ihnen."

Dann schaute sie ihm wieder in den Mund und machte mit ihrer Tätigkeit weiter, aber er spürte, sie war nicht ganz bei der Sache und irgendwann drang auch so etwas wie ein leises Stöhnen in ihr hoch. Dann hielt sie sich wieder mit der linken Hand am Stuhl fest und zitterte ein wenig.

Schließlich war sie mit der Behandlung zu Ende und sah ihn ein wenig erleichtert an: „Nochmal vielen Dank, für Ihr Verständnis und Ihre Geduld. Zum Glück sind Sie heute mein letzter Patient, ich kann jetzt gehen."

Tom verabschiedete sich und ging nach vorne zum Anmeldeschalter, um einen neuen Termin zu vereinbaren, denn dieser war noch einmal nötig, als bemerkte, wie Merve Voss hinter ihm vorbei ging und das Haus verließ. Er war soweit fertig, folgte ihr relativ dicht. Er sah, wie sie gerade ein paar Stufen weiter unten durch eine Glastür ging und offenbar zu einem Fahrrad wollte, das dort an einem Verkehrsschild angeschlossen war. Plötzlich drehte sie sich aber abrupt um, machte zwei Schritte zur Seite und setzte sich dort auf eine Bank. Tom ging auf sie zu, zögerte, ging wieder ein Stückchen näher, schließlich war er dicht bei ihr und sah, sie zitterte ein wenig. Schließlich fragte er sie: „Kann ich Ihnen helfen? Soll ich Sie nach Hause bringen?"

Merve sah nicht auf, sie hatte ihn wohl an der Stimme erkannt oder auch vorher schon mitbekommen, dass er in der Nähe stehen geblieben war, aber nicht recht wusste, was er tun sollte. Sie schüttelte nur den Kopf und meinte schließlich: „Nein, das ist nicht nötig, ich brauche vielleicht noch etwas Zeit, außerdem habe ich doch mein Fahrrad hier. Nein, nein, das geht schon."

Tom stand immer noch etwas ratlos herum, schließlich setzte er sich neben sie: „Ok, dann warte ich halt mal ab, ob es wirklich geht, ansonsten ist es nicht schlimm, ich bin mit dem Auto hier und kann sie nach Hause fahren."

Sie schüttelte zwar nicht mehr mit dem Kopf machte aber trotzdem eine etwas abwehrende Bewegung: „Na ja, es ist nicht so schlimm, ich wohne gar nicht so weit, zur Not kann ich auch zu Fuß gehen." Sie saßen einige Minuten schweigend nebeneinander, schließlich meinte sie leise: „Ist ok, bringen Sie mich heim." Sie ging neben Tom her zum Parkplatz, wobei sie mit versteinertem Gesicht zu Boden sah, kein Wort sprach und auch signalisierte, nicht gefragt werden zu wollen. Als sie aus dem Klinikgelände herausfuhren, nannte sie die Adresse. Tom kannte die Straße und das war wirklich nicht weit. Sie wohnte in der Nähe des Flusses in einem von 4 oder 5 hohen Häusern. Sie wies ihm den Weg, soweit das erforderlich war und er fand auch unmittelbar vor dem Haus einen Platz, an dem er anhalten konnte und stellte den Motor ab. Nun saß sie noch einen Moment zögernd im Auto und schaute gedankenlos in die Ferne, schließlich griff sie zur Autotür, sagte zu ihm: „Nochmal Danke fürs Herbringen, das ist schon gut so." Sie öffnete die Tür und sah an dem Haus hinauf, wobei sie immer noch auf dem Sitz sitzen blieb, schließlich meinte sie: „Hier wohne ich." Das war eigentlich ohnehin klar, aber sie sagte es trotzdem und schaute an dem Haus hinauf. Das Haus hatte, wie er später erfuhr, zwölf Stockwerke und sie wohnte im neunten. Dann fragte sie plötzlich: „Kommst du mit rauf?" Er war etwas verblüfft und ein bisschen verlegen, aber er antwortete: „Selbstverständlich. Natürlich." Er stieg aus, schloss die Tür, kam hinüber und half ihr aus dem Sitz. Sie hatte Schwierigkeiten aufzustehen und sie hatte auch Schwierigkeiten richtig zu gehen. Dann fing sie sich wieder und sie gingen zur Haustür, dort zum Fahrstuhl. Sie sprach in der ganzen Zeit nichts, aber sie nahm ihn mit hinauf. Er fühlte, sie war mit ihren Gedanken weit weg, ganz weit weg. Das Geschehen schien sie immer noch sehr stark zu erschüttern. Immer wieder durchlief ein Zittern ihren Körper. Im neunten Stock angekommen, verließen sie den Fahrstuhl, gingen ein Stück nach rechts, dort schloss sie eine Wohnungstür auf und ohne zu fragen, ging sie hinein und Tom folgte ihr. Er schloss die Tür. Sie ließ eine Umhängetasche, die sie bei sich hatte, einfach fallen und ging schnurstracks auf eine Zimmertür zu, wie sich später herausstellte, die des Schlafzimmers. Schon auf dem Weg dorthin knöpfte sie ihre Bluse auf und löste den Bund ihres Rocks, beide Sachen fielen zu Boden. Tom war etwas irritiert, er war immer noch hinter ihr, sah ihr zu, wie sie ihre Kleider von sich werfend geradeaus ging und sich auf das Bett fallen ließ, das quer im Raum stand. So ein Geschehen hatte sich Tom noch nie zuvor vorgestellt, nie zuvor vorzustellen vermocht. Eine schöne junge Frau, die sich beinahe nackt auszog, vor ihm zum Bett ging und sich hinwarf. Selbst in erotischen Träumen war ihm eine derartige Vorstellung nicht gekommen, aber ihre Art, sich aufs Bett zu werfen, ließ auch keinerlei erotische Anknüpfungen zu oder eine derartige Absicht ahnen, denn Merve fing, kaum lag sie auf dem Bett, bitterlich an zu weinen.

Tom war zutiefst betroffen, aber er wusste genau, jetzt konnte er unmöglich gehen, auch wenn er sehr in der Versuchung war, das zu tun. Er ging zu dem Bett, setzte sich neben sie und legte ganz vorsichtig seine Hand auf ihre Schulter, woraufhin sie, ohne sich umzudrehen nach seiner Hand suchte, seinen Arm zu sich heran zog und gegen ihre Augen presste. Für Tom ergab sich daraus eine unmögliche, sehr anstrengende Körperhaltung, sodass er es vorzog, sich neben sie zu legen und ihr seinen Arm vollends zu überlassen, woraufhin sie sich in seine Ellenbogenbeuge krümmte und dabei ständig und heftig weinte. Tom hatte noch nie zuvor einen Menschen derart weinen gesehen. Er wusste gar nicht, dass ein Mensch derart weinen konnte. Ströme von Tränen kamen aus ihren Augen, sein Ärmel wurde ganz nass, aber sie weinte und weinte und immer wieder durchliefen Wellen ihren Körper. Tom streichelte ihr nun vorsichtig mit der anderen Hand über den Kopf und über die Schulter, gleichzeitig versuchte er ihre Bettdecke ein wenig über sie zu ziehen, denn ihre weitgehende Nacktheit erschien paradox. Insgesamt war es ein kurioser Zustand. Wenn ihm das irgendjemand erzählt hätte, er hätte es nicht geglaubt.

Merve weinte noch immer. Manchmal wurde sie etwas ruhiger, allmählich wurde es auch etwas langsamer aber dann kamen plötzlich wieder ganz heftige Erschütterungen des ganzen Körpers. Wenn solche Wellen liefen, hielt Tom sie fest und versuchte dadurch beruhigend zu wirken. Ansonsten streichelte er ihren Rücken ganz sanft, wobei er allerdings bemerkte, er musste vermeiden, in die Nähe ihres Pos zu geraten, denn wenn er diese Rundung unter seiner Hand spürte, dann änderte sich bei ihm doch einiges und er fühlt sehr deutlich, er hielt eine Frau im Arm – eine schöne Frau. Er vermied es also, beim Streicheln so weit zu kommen, denn für erotische Aktionen war die Situation wirklich nicht geeignet. Der Zustand dauerte lange. Wie lange genau, wusste Tom nicht. Es kann sich um eine Stunde gehandelt haben, draußen war es nach wie vor hell, es war schließlich Sommer. Auf eine Uhr schauen konnte Tom nicht, sein einer Arm war schon eingeschlafen, seine Hand bitzelte ein wenig, sein Rücken tat weh, es war eine total verkrampfte Lage, er hatte zwar in der Zwischenzeit seine Schuhe abschütteln können und lag nun vollständig mit ihr auf dem Bett, aber sehr viel bequemer war das auch nicht, er hatte das dringende Bestreben, sich vollständig hinzulegen, was aber nicht ging, denn da war kein Platz. Und sie weinte und weinte und war einfach nicht zu beruhigen.

Schließlich wurde sie allmählich etwas ruhiger, auch der Tränenfluss hatte aufgehört und es gab auch keine Wellen des Zitterns mehr, die sie durchliefen. Sie lag noch immer fast auf dem Bauch, hob jetzt aber leicht den Kopf an, drehte sich zu ihm, schaute ein bisschen verlegen und legte sich wieder hin. Sie atmete tief und setzte sich dann plötzlich abrupt auf, indem sie das Bett nach der anderen Seite hin verließ, griff dort nach einem Morgenrock, der auf einem Stuhl lag und zog ihn an, wobei sie Tom immer noch den Rücken zudrehte und sich Tom erst zu wand, als sie den Morgenmantel vorne schließen konnte. Nun sah Tom mit einem ganz merkwürdigen Blick an, so als wäre das alles die größte Selbstverständlichkeit der Welt und dennoch außergewöhnlich, immer wieder blitzte zwischendurch so etwas wie Verlegenheit auf. „Ich glaube, ich mache uns jetzt mal einen Tee.“ sagte sie und ging hinaus. Tom war heil froh seinen Arm wieder frei bewegen zu können. Er spürte das Bitzeln und bewegte die Schulter. Seine Verkrampfungen lösten sich, er setzte sich auf und wollte ihr in die Küche folgten. Suchte aber zunächst in sich nach innerem Halt. Er hatte unglaublich tiefe Gefühle entwickelt. Diese Frau war nicht mehr irgendwer aus der Klinik. Er konnte sich nicht erinnern, jemals so schnell jemand so nahe gekommen zu sein. Höchstens bei sehr intimem Tun waren ähnliche Gefühle entstanden. Am liebsten hätte er sie in die Arme genommen, um mehr zu fühlen, was bei ihm war. Zu erahnen, was bei ihr geschehen war, ja ob etwas bei ihr geschehen sein konnte. Er schlüpfte in seine Schuhe und folgte ihr in einen großen Wohnraum, von dem eine Küchenzeile abgetrennt war, an der Merve stand, die gerade Wasser aufgestellt hatte und eine Teekanne aus dem Schrank holte. Tom gab seinen spontanen Wunsch, sie zu umarmen, zunächst auf. Die Stimmung war nicht danach.

Er sah sich um, es war ein sehr schön eingerichtetes Zimmer mit einem Esstisch, mit zwei Stühlen, die einander gegenüber standen, einer Couchecke und auf der anderen Seite einem mittelgroßen Fernseher, außerdem hatte sie einen wundervollen Ausblick über den Fluss und auf die Stadt, man konnte über alles hinwegsehen. Merve brachte nun zwei Teetassen und stellte sie auf den Esstisch, sie zündete das dortige Stövchen an und brachte bald darauf die Teekanne, goss jedem eine Tasse Tee ein und setzte sich. Dabei forderte sie Tom auf, auf der anderen Seite Platz zu nehmen. Noch immer wühlte es in ihm, aber er traute sich nicht, ihr näher zu kommen, nicht einmal ihre Hand fasste er an. Sie saßen nun wortlos einander gegenüber, schauten sich an, wechselnd zwischen vertrautem Blick und Verlegenheit. Tom blickte die meiste Zeit in seine Teetasse, er wusste nicht, was er sagen sollte, er wusste auch nicht, was er zu tun sei. Schließlich hob er die Tasse und trank einen Schluck, stellte sie wieder hin, hielt aber nach wie vor die Tasse fest. In diesem Moment griff Merve über den Tisch und legte ihre Hand über seine. Er schaute sie an, es durchfuhr ihn wie ein heißer Blitz. Sie sah ihn an und schwieg zunächst, dann setzte sie zwei Mal zum Reden an, sagte aber nichts und dann schließlich: „Du hast mir das Leben gerettet. Ich wäre vom Balkon gesprungen." Tom war betroffen. Er war tief ergriffen. Was in der ganzen Zeit in ihm vorgegangen war, konnte er immer noch nicht zuordnen, er war einfach dageblieben und er wusste, was er tat, ist richtig. Er hatte nicht geahnt, es würde so weit gehen. Er bekam jetzt ein wenig Angst, ob der Zustand bei ihr nicht wiederkommen könnte. Aber diese Sorgen verloren sich zusehends. Das heftige Weinen hatte offenbar Einiges bei ihr bewirkt, sie beruhigt - und sie sprach jetzt auch über den Hintergrund. Er erfuhr nun, ihr Freund sei ebenfalls Zahnarzt an der Frankfurter Uniklinik. Schon längere Zeit waren sie ein Paar und hatten Pläne, in Kiel eine gemeinsame Praxis zu eröffnen, sogar eine Wohnung für sie beide hatten sie angeschaut. Dann war das Sommerfest der Abteilung, an dem auch Rieke aufgetauchte. Ihr Freund hatte sie gesehen, hatte Merve einfach am Tisch sitzen gelassen und war mit

Rieke davongegangen. Er hatte kein Wort dazu gesagt, keinen Satz der Erklärung, gar einer Entschuldigung, gar nichts und hatte sich auch nachher nicht bei Merve blicken lassen. Das ganze Geschehen war gut eine Woche her. Ihr Freund hatte sich krankgemeldet, war abgetaucht und ließ sich verleugnen.

Tom hatte bislang gar nichts von sich gesagt. Was Merve von ihm wissen konnte, war aus der Patientenakte, Alter, Beruf, Wohnung aber von sich hatte er nichts geäußert, von seiner Beziehung zu ihr nichts und schon gar nichts von seinen Gefühlen. Gerade die waren noch immer am Wirbeln, er war aufgewühlt und sich nicht im Mindesten darüber klar, was er ihr gegenüber empfand. Einerseits staunte er über eine Sehnsucht nach einer gemeinsamen Tiefe mit ihr, die über alles hinausging, was er je zuvor empfunden hatte, oder zumindest glaubte, empfunden zu haben. Andererseits drängte sich eine realistische Betrachtung vor, die ihn auf eine nüchterne Sichtweise herunterholte. Er versuchte, sich im Klaren zu werden, was das eigentlich sollte und was daraus werden könnte. Es war einfach alles schnell gegangen. Er war halt da gewesen und er konnte nicht verleugnen, sie gefiel ihm. Er erinnerte sich an ihre Haut, ihre Tränen, ihr Zittern, aber der Gedanke, wie es weiter gehen sollte, fand kein Ziel. Schließlich druckste er, er müsse jetzt aber allmählich gehen und mit ein bisschen linkischer Verlegenheit standen sie beide auf und sie brachte ihn zur Tür.

Dort standen sie noch eine Weile voreinander herum, wussten nicht so recht, was zu sagen sei, schließlich meinte einer: „Ja, wir hören voneinander." Sie schrieb noch schnell ihre Telefonnummer auf einen Zettel, den sie ihm gab, seine habe sie ja. Er erwiderte nur: „Wenn irgendetwas ist, ruf mich an. Jederzeit. Ist kein Problem." Nun gaben sie sich die Hand, plötzlich griff Merve mit der linken Hand nach ihm, zog ihn zu sich hinüber und küsste ihn auf den Mund - lange und fest, deutlich länger als einfach nur so, zwar mit geschlossenen Lippen, aber fest, fast tief – und er küsste sie in gleicher Weise. Wellen der Wärme durchfluteten ihn, aber auch ein ratloses Staunen. Dann ließ sie ihn los und sah ihm in die Augen:

„Bei dir habe ich weinen können. Das nächste Mal schlafe ich mit dir."

Es gab kein nächstes Mal, ihr Freund war zurückgekommen.

S-Bahntür

Tom schob sein Fahrrad aus dem Fahrstuhl auf den S-Bahnsteig und direkt auf den wartenden Zug zu. Er betrat ihn durch eine Tür im hinteren Teil des Wagons, dort wo es Klappsitze an der Längsseite gibt und man sitzen und dennoch sein Fahrrad festhalten kann. Er setzte sich auf die Seite wo der Bahnsteig war, hielt mit der rechten Hand sein Fahrrad fest und legte die linke über die Rückenlehne des nächsten Sitzes. Den Rücken hatte er gegen die Fahrtrichtung gedreht und sah in Richtung auf die Tür, durch die er gerade hineingekommen war. Er war froh, diese Bahn noch erreicht zu haben, mit der nächsten würde er sich verspäten. Der Zug fuhr an, das Fahrrad ruckte leicht, er griff fester zu. Wenige Minuten Fahrt und der Zug hielt erneut. Die Tür öffnete sich, ein paar Leute stiegen aus und draußen auf dem Bahnsteig sammelten sich andere, die hinein wollten. Dicht neben dem Wagon kam eine Frau auf die Tür zu. Tom bemerkte sie erst, als sie ihn bereits passiert hatte. Obwohl er sich später nicht mehr erinnern konnte, woran er es festgestellt haben wollte, war er sich sicher, diese Frau musste zwischen 40 und 45 Jahre alt sein - und er hatte den Eindruck, sie sei attraktiv, würde ihm gefallen. Wirklich gesehen hatte er sie nicht - noch nicht. Ihr Gesicht konnte er auch nicht von der Seite sehen, denn sie hatte dunkelbraune, leicht gewellte Haare, die bis fast zu den Schulterblättern reichten. Die Frau weckte sein Interesse. Irgendetwas in ihrer Bewegung erschien ihm sehr reizvoll zu sein. Bislang sah er noch nicht sehr viel von ihr. Soweit erkennbar, war sie von schlanker Gestalt, ohne jedoch mager zu wirken. Sie trug ein helles Oberteil, dessen kurze Ärmel auf der rechten Seite einen festen Oberarm mit leicht gebräunter glatter Haut frei gab. Tom wurde neugierig. Er war sonst immer sehr skeptisch, wenn Frauen aus dieser Altersgruppe noch so lange Haare trugen. Oft war er enttäuscht, wenn die Gesichter der Frauen nicht mehr zu solchen engelhaften Frisuren passten. Aber diese Frau hatte nichts engelhaftes, das wusste er, wenn er auch nicht genau wusste warum, denn dafür hatte er noch viel zu wenig von ihr gesehen. Er wollte ihr Gesicht, ihre Augen sehen. Er erwartete die Züge und den Blick einer schönen reifen Frau gerade in dem Alter, für das er sich am meisten interessierte.

Die Frau trat nun durch die S-Bahn-Tür, dennoch konnte er nicht mehr von ihr wahrnehmen als vorher. Ein anderer Fahrgast war unmittelbar neben der Tür stehen geblieben und versperrte ihm die Sicht. Als sie wieder in seinem Blickfeld auftauchte, hatte sie sich bereits dem Mittelgang zugewandt und er erblickte erneut nur, wie die leicht gelockten Haare über ihre Schultern fielen. Aber er sah etwas mehr von ihrer Gestalt und ihrer Bewegung und empfand sie als anmutig. Die Frau ging ein paar Sitzreihen weiter nach vorne, setzte sich in Fahrtrichtung, also mit dem Rücken zu ihm nieder. So sah er nur ab und zu wieder ihren Kopf und ihre Schultern und insbesondere ihre Haare. Die S-Bahn füllte sich an der nächsten Station, die Leute standen bereits im Gang, von der Frau sah er mittlerweile gar nichts mehr. Dennoch war er sich sicher, dass sie noch da war. Und tatsächlich, kurz vor der nächsten Haltestelle stand sie auf, drehte sich um, war aber bereits wieder durch andere Fahrgäste verdeckt. Dann endlich gaben diese den Blick auf ihr Gesicht frei. Es gefiel ihm. Es gefiel ihm sogar sehr. Die Frau kam ein Stück auf ihn zu, sah kurz in seine Richtung, wobei sich ihre Blicke kreuzten. Ja, das Gesicht passte zu der Frisur. Sie konnte sie tragen, sehr gut sogar. Gesichtsschnitt, Haarfarbe, die Farbe der Augen, der Schwung ihrer vollen Lippen, alles passte. Sie schob sich zwischen den Leuten durch, bis sie genau vor der Tür stand und damit in der direkten Sichtlinie von Tom. Dieser versuchte, sie vollständig anzuschauen, was ihm jedoch nicht gelang. Er sah nun auf ihre linke Schulter, ihre linke Wange, ihre Nase und ein wenig von ihrem linken Auge. Plötzlich hob sie den linken Arm, griff sich hinter den Kopf bis zur rechten Schulter, fasste ihre gesamte Haarpracht, drehte sie mit elegantem Schwung zu einem ganz dicken lockeren Zopf, den sie sich nach vorn über die linke Schulter legte, dabei wandte sie den Kopf leicht nach links und schmiegte ihr Gesicht in ihre Haare. Jetzt sah sie Tom völlig unverhohlen und offen an. Ihr Blick traf ihn wie ein Sonnenstrahl, der in einen Spiegel fällt. Sicher waren es nur Bruchteile von Sekunden, aber ihm kam es unglaublich lange vor. Dann schaute sie wieder auf die S-Bahn-Tür und durch sie hindurch auf den Bahnsteig der Station, in die der Zug jetzt einrollte. Gerade, als er mit einem leichten Ruck anhielt, sprach Tom die Frau an, das heißt, er hörte sich sprechen, wie er sie fragte: „Müssen Sie hier aussteigen?". Die Betonung lag auf dem Wort „müssen". Die Frau vernahm es, sah aber nicht zu ihm hinüber, sondern weiter durch die Tür. Als diese sich gerade öffnete, sagte sie leise aber fest: „Ja". Dann ging sie hinaus auf den breiten Bahnsteig, geradeaus weg von der Bahn. Tom schaute ihr nach und hoffte, sie würde sich noch einmal umsehen. Und wirklich, nach drei, vier Schritten zögerte sie etwas, ging dann aber weiter. Noch zwei Schritte und sie blieb plötzlich stehen, drehte sich um und ging, ohne ihn anzusehen, wieder auf die S-Bahn-Tür zu. Ein Schritt fehlte ihr noch, da schloss sich die Tür. Nun sahen sich beide an. Tom versuchte, ihr durch Gesten klarzumachen, er würde an der nächsten Station aussteigen und auf sie warten, aber der Zug war angefahren, wurde schneller und tauchte in den Tunnel ein. Er konnte nicht erkennen, ob die Frau stehen geblieben war oder ob sie sich abgewandt hatte.

Er stand auf, schob sein Fahrrad zur Tür, stieg an der nächsten Station aus und wartete auf dem Bahnsteig. Er wartete zwei, drei, vier S-Bahnen ab, aber die Frau kam nicht. Als die nächste Bahn seiner Linie gekommen war, entschloss er sich schließlich, weiter zu fahren. Zögernd, fast schleppend bewegte er sich auf die Tür zu. Nicht schnell genug, die Tür schloss sich vor ihm, der Zug fuhr davon.

Ikea-Bleistift

Tom saß mit seiner alten Freundin Cornelia in Sachsenhausen in einem bürgerlichen Lokal, um Rippchen zu essen. Sie trank Gespritzten und er - wie immer - Sprudel. Sie kannten sich seit Jahren und sie waren das, was man gute Freunde nennt. Sie hatten ein hohes Vertrauen zueinander, sagten sich im Grunde alles und fragten sich um Rat, aber sie hatten keinerlei Intimitäten miteinander. Sie hatten sie nie gehabt, obwohl ein hohes Maß an Sympathie zwischen ihnen bestand und sie sich durchaus darüber klar waren, der jeweils andere übte relativ beachtliche Anziehungskräfte aus. Allerdings waren beide in der Zeit, in der sie sich kennen lernten, wie man so landläufig sagt, vergeben - und das intensiv, sie suchten auch keine Abenteuer nebenbei. Hinzu kam, der Altersunterschied zwischen beiden war doch so groß, dass zumindest Cornelia, schon dies allein als Hinderungsgrund ansah. Tom hatte auch deutlich gemacht, er wolle nicht zuletzt aufgrund seines Alters und der Erfahrungen mit seinem eigenen Vater unter keinen denkbaren Umständen noch Kinder zeugen. Cornelia hatte noch keine eigenen und den Gedanken daran noch nicht ganz aufgegeben. So merkwürdig es klingen mag, aber genau derartige Überlegungen hatten sie angestellt und ausgetauscht. So konnten sie sich gegenseitig ihre Sympathie offen bekunden, ohne sich gezwungen zu sehen, daraus Konsequenzen zu ziehen und vielleicht sogar zärtlich oder intim miteinander zu werden. Wenn ihnen jemand erzählt hätte, es gäbe dennoch entsprechendes Verhalten – also intime Freundschaften - zwischen erwachsenen Menschen verschiedenen Geschlechts, dann hätten sie mindestens skeptisch reagiert. Aber so machten sie die Erfahrung: Es ging und ihre Freundschaft hielt schon seit Jahren. Bei jedem von ihnen hatte sie ihre Beziehungen zu wechselnden Dritten jeweils überdauert und manchmal waren sie sogar so weit gegangen, Einzelheiten über höchst persönliche – auch körperliche - Erlebnisse, die sie mit anderen Partnern gehabt hatten, auszutauschen. Das war vielleicht gegenüber den nichtsahnenden Partnern nicht immer ganz fair, aber sie hatten beide etwas zu lachen, zu lernen oder mindestens zu bedenken. So kam es, dass sie gerade auf dem Gebiet um Intimitäten und Sexualität keinerlei Hemmungen voreinander hatten und sich sowohl über ihre eigenen Erfahrungen als auch über ihr theoretisches Wissen ganz offen auszutauschen. Wie sie in diesem Gespräch nun gerade auf das hier behandelte Thema kamen wussten sie nachher nicht mehr. Auf jeden Fall berichtete Tom, er habe erst kürzlich im Wartezimmer eines Arztes – bezeichnender Weise eines Urologen – in einem ausgesprochen teuer aufgemachten Hochglanzmagazin, das sich hauptsächlich an Männer wandte und deshalb auch eine englische Bezeichnung dafür im Titel führte, Interessantes gelesen: Beim Geschlechtsverkehr komme es überhaupt nicht auf die Größe des von den Männern dazu gelieferten Körperteils an. Vielmehr sei das weibliche Gegenstück in der Lage sich jeder gelieferten und bereitgehaltenen Größe anzupassen. Cornelia bekam einen etwas starren Blick und einen skeptischen Zug um den Mund und Tom fühlte sich bemüßigt ganz schnell zu erklären, er habe ja bereits in relativ jungen Jahren, so Anfang 20 zusammen mit seiner damaligen Freundin ein kostspieliges Werk erworben, in dem zwei amerikanische Sexualforscher wissenschaftlich trocken über ihre diesbezüglichen Versuche und Messungen an den entsprechenden Körperteilen informierten. Die Tatsache, dass sie die Messungen überhaupt vorgenommen und noch dazu die Ergebnisse veröffentlicht hatten, führte seinerzeit zu einem Skandal in den Staaten. Aber sie hatten sich nicht beirren lassen, sondern Untersuchungen in Labors vorgenommen, unter anderem mit kopulierenden, menschlichen Paaren teilweise echt und teilweise mit Ersatzgliedern aus Glas, sodass sie körperinnere Filme anfertigen konnten. Alle Versuchspersonen waren stets mit einer Fülle von Messinstrumenten bestückt, so dass der Leser eigentlich nur staunen konnte, wie die menschlichen Teilnehmer angesichts der technischen Apparaturen überhaupt noch in der Lage waren, das zu vollziehen, was man üblicherweise als „Intimverkehr" bezeichnet. Ein Kapitel, das Tom seinerzeit besonders interessiert hatte, waren die Ergebnisse, die sie über Männer kund taten, und zwar hatten sie aufgrund von zahllosen, in die Tausende gehenden Messungen sich um die Größe eines speziellen männlichen Körperteils gekümmert, insbesondere in dessen optimal für den Geschlechtsverkehr geeigneten voll entwickelten Zustand. Es gab konkrete Angaben über die durchschnittliche Länge, den Durchmesser und den Umfang der gemessenen Glieder. Tom musste mit leicht verlegenem Grinsen zugeben, dass er seinerzeit die Lektüre der Messungen nicht nur geradezu in sich hineingesaugt hatte, sondern dann auch zusammen mit seiner Freundin bei sich selbst zu einer Überprüfung geschritten sei. Das Tätigwerden seiner Freundin schien damals wichtig, damit eine abturnende Wirkung der Messgeräte so gering wie möglich gehalten werden konnte. Zu seiner großen Zufriedenheit konnte er feststellen, die Natur hatte ihn durchaus so ausgestattet, dass er sich „sehen" lassen konnte. Und nicht nur sehen sondern auch spüren lassen konnte. Mit einer gewissen wohlwollenden Verachtung konnte er von nun an auf die Inhaber nur unterdurchschnittlich entwickelter Körperteile herabsehen. Und das, obwohl er gerade wenige Buchseiten vorher lesen konnte, es käme eigentlich auf die Größe dieses Körperteils beim „GV" – wie die Autoren das nannten – nicht an. Auch in diesem Werk war seinerzeit bereits von der erstaunlichen Anpassungsfähigkeit der Frauen die Rede, einer Eigenschaft, die sich ausdrücklich auf diese Körperregion bezog.

Cornelia hatte ihm zugehört. Er hätte sich auch nicht unterbrechen lassen, denn offenbar war bei ihm, schon wegen der relativen Peinlichkeit des Themas, ein großer Eifer entstanden, durchgängig und flott zu referieren. Cornelia konnte sich aber eines skeptischen Grinsens nicht ganz enthalten. Deshalb meinte sie auch zunächst: „Willst Du mich jetzt nach all den Jahren doch noch gespannt auf das machen, was sich bei Dir zeigen würde?"

„Nein", meinte Tom, „das ganz gewiss nicht, da haben wir eine Absprache und die hat sich bestens bewährt."

„Ja", erwiderte Cornelia, „außerdem bin ich zurzeit ja, wie Du das sonst auszudrücken pflegst ‚libidinös okkupiert'. Da möchte ich jetzt auch lieber nicht in Zweifel geraten oder gar Gewissensbisse provozieren. Allerdings muss ich eines sagen, was die Mediziner oder wer auch immer es ist, da mit ihren Messergebnissen sagen, das kann Frau nicht bestätigen. Die ewige Angst der Männer, Er wäre zu klein, ist nach meiner Erfahrung, und da stütze ich mich nicht nur auf mein eigenes Erleben, sondern auch auf viele Gespräche mit Freundinnen, nicht unberechtigt."

Tom nahm das mit einer gewissen wohlwollenden Neugier zur Kenntnis: „Na ja, ich hab dir ja hinreichend dargelegt, dass ich da keine Konkurrenz zu befürchten brauche."

„Tja", sagte Cornelia, „aber das gehört mit zu den spannendsten Momenten im Leben einer Frau, wenn sie einen Mann neu kennen lernt und dann vielleicht auch weitergehende Dinge mit ihm vor hat. Also, zunächst einmal trifft man sich, man sieht sich und dann passiert auch irgendetwas mit einem. So insgesamt erscheint einem der Typ sympathisch. Manchmal macht's auch richtig ‚klick' und man weiß sofort, das ist ein toller Typ, den finde ich anziehend. Und dann kommen so die ersten Tests, man beginnt mit ihm ein Gespräch. Da spielt dann die Stimme eine große Rolle, die Art wie er einen anspricht. Was ich zum Beispiel gar nicht leiden kann, ist wenn einer gleich einen auf Macho macht. Da kann der noch so gut aussehen, da ist er bei mir unten durch. Und was ich auch nicht ausstehen kann ist, wenn einer sofort versucht mich anzumachen. Besonders dann, wenn man sich in einem sachlichen Zusammenhang kennen lernt, auf Berufsebene oder so. Ich weiß, dass ich eine Frau bin. Das braucht er mir nicht extra zu sagen. Tja, also man hört dann, was der so äußert, ob und wie man sich mit ihm unterhalten kann. Ob man mit ihm überhaupt richtig ins Gespräch kommt, ob es da eine gemeinsame Wellenlänge gibt, ob man den Wunsch entwickelt, die Unterhaltung fortzusetzen. Ja, was dann noch eine Rolle spielt ist, wenn man sich näher kommt, ob man den Typ auch riechen kann. Bei mir ist das ungemein wichtig und das mag paradox klingen, aber ich habe schon welche erlebt, die waren richtig verschwitzt, aber sie erschienen mir anziehend. Und bei einem anderen, der sah blendend aus und mit dem konnte man sich gut unterhalten, aber geruchlich habe ich den überhaupt nicht wahrgenommen. Das war dann auch nichts. Dann spielt noch eine Rolle, wie geht er mit einem um. Wie fasst er einen an. Ist der Typ zärtlich, kann der vorsichtig sein, kann der aber auch richtig zulangen. Das will man auch wissen. Tja, und die nächste Stufe ist, wenn bis dahin alles stimmt, wenn auch das geistige einigermaßen ok zu sein scheint und Frau Lust dazu hat, sich küssen zu lassen. Wie geht das. Wie macht der das. Was überlässt er einem, was bestimmt er. Wie geht der überhaupt ran, ist der schnell, ist der hektisch. Lässt er einem Zeit, lässt er einen auch kommen. Bei vielen merkt man dann schon, von einem bestimmten Punkt an haben die eigentlich keine Kontrolle mehr, die werden dann plötzlich starr und haben nur noch ein Ziel vor Augen, nämlich so schnell wie möglich mit der Frau ins Bett zu kommen. Andere sind hingegen schrecklich langweilig. Wenn man dann schon an den Terminkalender des nächsten Tages denkt, dann verbringt man die Nacht besser alleine und schläft sich richtig aus. Ok, dann wäre da schon ein bisschen die Frage eingeschlossen, wie bringt der Wünsche vor, wie macht der das? Besteht die Möglichkeit zunächst einmal zu einem ‚schaun wir mal' oder einem ‚vielleicht' oder zwingt er einen gleich, eindeutig Stellung zu nehmen. Dann ist die Wahrscheinlichkeit, für ein ‚Nein' eigentlich viel größer. Na gut, aber nehmen wir mal an, er schafft auch diese Hürde, und Mann und Frau sind sich einig, sie wollen miteinander ins Bett und sie wollen miteinander schlafen und zwar mit Beiwort. Tja, und dann wird's spannend. Was hat der Mann dann zu bieten. Und das sage ich ganz offen, da ist es nicht egal. Das kann für eine Frau eine riesen Schwelle sein, da hat sie sich bis dorthin begeben, hat auch Erwartungen. Die hat ja auch Wünsche. Die hat ja auch Hoffnungen und meist ist sie ja in der Zwischenzeit auch scharf. Tja, und dann wird er vielleicht verlegen, vielleicht aber auch nicht. Auf jeden Fall zieht er sich aus. Oder er lässt sich ausziehen und was zu Tage kommt, na ja, das gleicht halt einem Ikea-Bleistift – mehr nicht."

Tom hielt ruckartig still, er hielt inne, denn er spielte mit einem solchen Bleistift. Er war am Vormittag in diesem sattsam bekannten Möbelhaus gewesen und hatte dort einen klitzekleinen dünnen Bleistift benutzt und eingesteckt. Mit einem solchen hatte er nun gespielt und auf dem Bierdeckel herumgemalt während Cornelia ihm den spannenden Ablauf schilderte. Das war ganz praktisch, er brauchte sie die ganze Zeit nicht anzuschauen, denn so Manches was sie sagte war auch ihm peinlich. Jetzt hielt er plötzlich inne und hatte so ein kleines Ding in der Hand. Die beiden schauten sich an und mussten schrecklich lachen. Tom meinte dann nur ganz ungläubig: „Und das gibt's?" Dabei präsentierte er ihr den Stift auf der flachen Hand. Sie meinte dann mild: „Na ja ganz so schlimm ist es nicht, mindestens hab ich das nicht erlebt, aber so in der Richtung. Gemessen habe ich das Teil natürlich nie, aber das war so die Größenordnung, da konnte ich nur abwinken. Sorry, vielleicht gehör ich nicht zu denen, die sich dort im Labor präsentiert und haben messen lassen. Aber ich brauch ein bisschen mehr, sonst wird's einfach nichts."

„Ja", fragte Tom verblüfft, „hast du tatsächlich auf die Fortsetzung des Vorgangs verzichtet?" Cornelia schwieg eine Weile, sah in die Gegend und meinte dann schließlich: „Ja. Aber es war schrecklich peinlich. Denn eine Zeitlang sah es sogar so aus, als würde er mein beruflicher Kollege. Aber dann ist er in eine andere Stadt gegangen.

Just in diesem Moment bekamen sie die Rippchen serviert. Tom feixtete nur noch: „Na, da kann ich ja dem Schicksal oder sonstigen Mächten danken, dass mir derartige Situationen naturbedingt erspart geblieben sind." Cornelia grinste nur ein bisschen und wünschte guten Appetit. Sie aßen, erzählten sich dieses und jenes, in der Zwischenzeit lag der Ikea-Bleistift auf dem Tisch und dort lag er auch noch, als sie gegangen waren.

Der Autor ist Jahrgang 1944. Er hat als Jurist, Pädagoge und Supervisor schon verschiedene Bücher geschrieben. Dies hier sind Geschichten, die nur wenig mit seinen wissenschaftlichen Erkenntnissen oder seiner beruflichen Erfahrung zu tun haben - eben nur mit dem Leben.

Außerdem beim Rediroma-Verlag erschienen:

Lichtschreiben

978-3-86870-773-1

Familiengeheimnisse

978-3-86870-784-7

Fehlurteil

978-3-86870-790-8

Enge und Befreiung

978-3-86870-798-4

Nie wieder mit meiner Tochter

978-3-86870-823-3